평 신 도 제 자 훈 련 교 재

# 교회를 세우는 사역

평신도 제자훈련교재
# 교회를 세우는 사역
평신도 사역자의 모범

**발행일** : 초판 1쇄 인쇄 2009년 11월 2일
　　　　　개정판 1쇄 인쇄 2015년 3월 5일
**발행인** : 김진호
**편집인** : 유윤종
**책임편집** : 강신덕
**기획/편집** : 전영욱, 강영아
**디자인/일러스트** : 권미경, 오인표
**홍보/마케팅** : 강형규, 박지훈
**행정지원** : 조미정, 박주영

**펴낸곳** : 도서출판 사랑마루
　　　　　서울시 강남구 테헤란로 64길 17(대치동)
**대표전화** : TEL (02) 3459-1051~2/ FAX (02) 3459-1070
**홈페이지** : http://www.eholynet.org, http://www.ibcm.kr
**등록** : 2011년 1월 17일 등록번호/ 제2011-000013호
값은 뒤 표지에 있습니다. 잘못된 책은 구입하신 곳에서 교환해 드립니다.
ISBN : 979-11-86124-07-9
ISBN : 979-11-86124-02-4(세트)

# 3

평 신 도 제 자 훈 련 교 재

# 교회를 세우는 사역

## 인도자용

## 평신도 사역자의 모범

# 목차 Contents

# 제9단원 사역자는 중보기도자입니다

**교육과정개발: 이형로 박진숙**

**교재집필: 김대조 김대식 김덕주 박진숙 여성삼**

　　　　　**이준성 강종철 이형로 장원순 이동아**

**공동집필: 이시호 정현숙 정영호**

**개정집필: 김진영**

# 평신도 제자훈련교재

**1권**
제1단원 나는 평신도 사역자입니다.
제2단원 사역자는 헌신합니다.
제3단원 사역자는 청지기입니다.

**2권**
제4단원 사역자는 받은 은사를 통해 일합니다.
제5단원 사역자는 말씀을 잘 알아야 합니다.
제6단원 사역자는 이단을 경계해야 합니다.

**3권**
제7단원 사역자는 영적으로 깨어있는 자입니다.
제8단원 사역자는 균형 있는 교회생활을 합니다.
제9단원 사역자는 중보기도자입니다.

**4권**
제10단원 사역자는 복음을 선포합니다.
제11단원 사역자는 세상에서 봉사합니다.
제12단원 사역자는 예비 사역자를 후원합니다.

# 평신도를 예수님의 제자로

평신도는 단지 예배 참석자가 아닙니다. 평신도는 목회의 동역자입니다. 평신도는 예수님의 제자로 세움을 입어서 주님의 명령(마 28:18-20)대로 살아가는 사명을 감당해야 합니다. 평신도들이 사역의 주체가 될 때, 주님의 아름다운 교회가 세워지고 하나님의 나라가 확장될 것입니다.

교단창립 100주년 교육사업의 일환으로 성결교회 평신도 제자화 교육과정을 개발하고 4종류의 교재를 만들었습니다. 바로 '새신자교재→세례교재→양육교재→제자훈련교재'입니다. 이 교재는 교회에 처음 나온 새신자도 반드시 사역자로 양성하겠다는 의지가 담겨있는 시리즈 교재입니다. 이 교재에 담겨있는 핵심 키워드는 '구원→믿음→생활→사역'입니다.

성결교회의 모든 신자들은 하나님의 은혜로 구원받아 온전한 믿음을 가지고 삶이 변화되어 주님의 사역자로 세움을 입어야 합니다. 교회에서는 새신자들이 언제든지 새신자교육과 세례교육을 받아서 온전한 신앙을 형성할 수 있도록 도와야 합니다. 그리고 양육과 사역교재를 통하여 평신도 사역자를 키워야 합니다. 만약 신앙연수가 오래되었는데 신앙이 성숙치 못한 신자가 있다면, 양육교재와 사역교재를 통하여 건강한 사역자로 세울 수 있을 것입니다.

성결교회의 새로운 100년을 맞이하여 목회현장에 실제적으로 도움이 될 교재가 개발된 것은 참으로 기쁘고 감사한 일입니다. 앞으로 평신도들이 주님의 몸 된 교회의 주체가 되고, 역사의 책임 있는 존재가 될 수 있도록 돕는 교재들이 지속적으로 개발될 것입니다. 주님의 아름다운 비전을 꿈꾸며 새 역사의 주인공이 됩시다.

기독교대한성결교회 총무 김진호 목사

# 사역훈련 교재의 특징

**① 본 사역훈련 교재는 성도를 사역자로 세우기 위한 교재입니다.**

통계상으로 우리 나라에는 850만 명이 넘는 기독교인이 있습니다(2005년 인구센서스 결과). 그런데 그 많은 기독교인 중에서 주일에 예배를 드리는 것 이외에, 진지하게 성경을 공부하고, 교회를 섬기며, 예수님의 가르침대로 세상의 소금과 빛으로 살아가고자 하는 사람들은 얼마나 될까요? 주님은 우리를 자녀로 삼으시고 제자로 부르셨습니다. 하나님의 일을 위한 구경꾼이 아닌, 선수로 부르신 것입니다. 본 사역훈련 교재는 단순한 성경공부 교재가 아니라 예배만 드리던 신앙인을 교회와 사람, 그리고 하나님을 섬기는 일하는 사역자로 세우기 위한 훈련 교재입니다.

**② 본 사역훈련 교재는 지식을 쌓기 위한 교재라기보다는 실천을 위한 훈련 매뉴얼입니다.**

살아 있고 능력이 있는 하나님의 말씀(히 4:12)은 많이 아는 것도 중요하지만 우리의 삶 속에서 실천될 때 더 큰 의미를 갖습니다. 사역훈련 교재는 성경을 탐구하는 과정을 담고 있지만 성경에 대해서 아는 차원을 넘어서 말씀대로 살아가는 신앙인을 세우기 위한 훈련 매뉴얼입니다. 따라서 교재의 대부분이 일상생활에서 겪을 만한 상황이나 생각해 보아야 할 만한 주제와 내용을 담고 있습니다. 모임의 참가자들은 각 주제에 따라 함께 고민하고, 결단하고, 실천하는 삶을 연습하게 됩니다. 사역훈련 과정은 어느 정도의 양육을 통해서 건강하게 신앙생활을 하고 있는 성도가 한 단계 더 성장하여 목회자를 도와 목회자의 동역자로서 하나님께서 허락하신 사역의 한 부분을 감당할 수 있도록 성숙케 하는 데 그 목적이 있습니다. 이 교재를 잘 마치면 각 개인의 신앙에도 유익하겠지만, 교회적으로 볼 때 구역장이나 강사 혹은 교회의 각 리더(지도자) 등의 역할을 맡겨도 될 정도의 훈련이 이루어질 것입니다.

### ③ 본 사역교재의 교육과정은 성결교회의 신학을 바탕으로 합니다.

본 교재는 교단의 사중복음인 중생, 성결, 신유, 재림을 '성결교회 신학연구회'가 이 시대의 언어로 표현한 '생명', '사랑', '회복', '공의'의 신학적 설명을 그 범위로 하고 있습니다. 그래서 개인적 영혼 구원과 개인적 삶에 있어서의 성결을 넘어서서 사회의 보편 가치들에 대한 복음적 시각을 갖는 데까지 교육의 목표와 장(場)을 확대하였습니다. 성결교인이 그러한 신앙의 바탕 안에서 교회에서의 사역과 세상에서의 소금과 빛으로서의 역할을 하도록 돕는 것이 이 교재의 목적입니다. 따라서 이 교재는 생활의 모든 영역인 개인의 구체적인 문제는 물론이고 사회적, 문화적, 윤리적, 정치적, 생태적 차원까지 언급하고 있습니다.

### ④ 사역훈련 교재는 가르치고 배우는 교재가 아니라 서로 논의하는 장(場)입니다.

사역훈련 과정을 이끄는 인도자라면 단지 지식을 가르치려고만 하는 것은 바람직하지 않습니다. 물론 이 과정을 잘 인도하기 위해서 본 교재의 각 과가 이루고자 하는 목표와 그에 따른 내용들을 철저하고 꼼꼼하게 준비해야겠지만 기본적으로 학습자가 주어진 주제에 대해서 스스로 깨달을 수 있도록 인도하는 것이 바람직합니다. 또한 인도자가 준비하고 얻은 답뿐만 아니라 인도자와 학습자간에 나눔을 통해서 서로 은혜가 더욱 풍성해질 수 있도록 학습자를 배려해야 합니다.

4권, 각 권당 12과씩, 총 48개의 주제가 적지 않은 양이긴 하지만, 이것이 사역자로서 알고 새겨두어야 하는 모든 내용이 될 수도 없습니다. 하지만 이 48개의 주제를 다루며 배우고, 생각하고, 느끼고, 결단하고, 실천하는 과정을 통해서 한 단계 더 성숙된 평신도 지도자로 나아가는 데에 큰 도움이 될 것입니다. 본 교재를 바탕으로 모든 성도들이 교회뿐만 아니라 가정과 사회에서 주체적 존재가 되고, 성결교회의 교인으로서, 또한 그리스도의 제자로서 확고한 정체성을 가지며, 마침내 이 땅 위에서 하나님의 뜻대로 살아가고 하나님의 나라를 이루어 내는 하나님의 사람으로 거듭나게 되기를 바랍니다.

# 7단원
# 사역자는 영적으로 깨어있는 자입니다

## 단원 설명

　7단원은 사역자의 모범으로써 영적으로 깨어있어야 함을 교훈한다. 사역자는 영적으로 깨어있는 자다. 영적으로 깨어있기 위해 사역자는 충실한 예배자여야 하고, 기도의 능력을 믿고 기도하는 삶을 살아야할 뿐만 아니라, 성령충만을 위해 힘쓰며, 겸손하게 살아가기 위해 스스로 겸비해야 한다.

　하나님을 믿고 섬기는 자에게 있어서 하나님을 예배하는 일보다 더 중요한 일은 없다. 사역자는 진정한 예배의 대상은 오직 하나님 한 분뿐이시고, 하나님께서는 예배하는 자를 찾으신다는(요 4:23) 것을 알아야 한다. 그러므로 사역자는 봉사 때문에 예배를 소홀히 할 수 없다. 사역자는 예배를 통해 하나님을 경배하고, 사죄의 은혜를 얻으며, 승리의 삶을 위한 능력을 공급받아 주어진 사명을 충성으로 감당할 수 있어야 한다. 그런 의미에서 사역자는 스스로가 진정한 예배자여야 하며 모든 사역의 핵심에 예배가 중심이 되어야 한다는 것을 늘 기억해야 한다. 기도의 능력을 상실하고 있는 이 세대 속에서, 사역자는 기도는 하나님과의 소통이자 영적인 호흡인 동시에 하나님의 능력을 기대하는 믿음의 행위라는 것을 알아야 한다. 그리고 기도는 반드시 응답된다는 확신을 가져야 한다. 하나님은 지금도 살아계셔서 우리의 기도를 들으시고 하나님의 역사를 통해 우리의 삶을 인도해주시는 분이시기 때문이다. 사역자는 하나님과 함께하지 않으면 넘어지기 십상이다. 그러므로 사역자는 믿는 자에게 내주하셔서 죄를 깨닫게 하시고, 속사람을 강건하게 하시며, 거룩한 성품과 삶을 이루어가도록 하시는 성령님께 자신을 의탁할 수 있어야 한다. 그럴 때 성령님께서 온전히 나를 주장하시는 삶, 즉 믿는 자에게 있어서 중생 이후의 성령세례인 성령충만의 삶을 살 수 있는 것이다. 이런 사역자가 겸손의 덕목까지 갖춘다면 그가 바로 진정 영적으로 깨어있는 자다.

# 25

평신도 제자훈련교재

# 사역자는
# 예배의 삶을 삽니다

**배울말씀** 히브리서 13장 15-16절

**도울말씀** 사 43:21, 엡 1:6

**새길말씀** 아버지께 참되게 예배하는 자들은 영과 진리로 예배할 때가 오나니 곧 이때라
아버지께서는 자기에게 이렇게 예배하는 자들을 찾으시느니라 (요 4:23)

## 이룰 목표

① 사역자는 진정한 예배자임을 안다.

② 사역의 핵심은 예배임을 깨닫는다.

③ 사역자로서 먼저 참된 예배자가 되기를 결단하고 실천한다.

## 교육흐름표

| | | | | |
|---|---|---|---|---|
| 10 min | 10 min | 20 min | 10 min | 10 min |
| O.T. | 관심 | 탐구 | 관점 | 실천 |

## 교육진행표

| 구분 | 오리엔테이션 | 관심갖기 | 탐구하기 | 관점바꾸기 | 실천하기 |
|---|---|---|---|---|---|
| 제목 | | 김소망 집사의 주일 하루 | Worker인가, Worshiper인가? | 하나님께서 찾으시는 사람 | 예배 십계명 |
| 내용 | 환영 및 단원 개요 설명 | 주일의 일상 | 진정한 예배 | 예배자 | 예배의 모범 |
| 방법 | 강의 | 생각 나누기 | 성경 찾아 답하기 | 성찰 및 생각 나누기 | 십계명 확인 |
| 준비물 | 출석부 | | 성경책 | | |
| 시간(60분) | 10분 | 10분 | 20분 | 10분 | 10분 |

하나님께서는 '예배하는 자'들을 찾으신다(요 4:23). 하나님께서는 아무런 목적의식 없이 일만 하는 일꾼이 아니라 영과 진리로(요 4:24) 하나님을 예배하는 사람들을 찾으신다. 하나님께서 우리가 맡은 바 은사대로 사역하기 원하신다는 것은 분명한 사실이다. 그러나 그보다 하나님께서는 사역자들이 하나님께 예배하는 자가 되기를 원하신다. 하나님께서는 삶의 모든 순간에 예배하는 사람을 사랑하신다. 결국 사역자는 삶의 모든 순간, 모든 일들을 예배로 승화시킬 줄 아는 참 예배자여야 한다. 또한 예배는 모든 사역의 근원이다. 사역자는 예배를 통하여 하나님의 은혜와 영광을 맛보고, 능력을 공급받아 그 힘으로 사역해야 한다. 사역자가 예배 가운데 공급되는 능력으로 사역에 임하면 결국 사역 그 자체가 예배가 되는 은혜가 주어진다. 사역자가 사역자로서 주어진 모든 사역의 순간에 온전한 섬김을 다하는 것으로 참으로 예배하는 사역자가 되는 것이다. 히브리서 13장 15-16절의 말씀은 사역자가 드려야 하는 예배의 두 가지 모습을 알려주고 있다.

먼저 사역자는 어느 때나 지속적으로 하나님을 예배하는 자다. 오늘 본문의 15절에서 히브리서의 저자는 "그러므로 우리는 예수로 말미암아 항상 찬송의 제사를 하나님께 드리자."라고 한다. 사역자는 언제나 예배하는 자의 자세를 견지하여야 한다. 그것도 언제나 하나님께 집중하는 자세를 가져야 한다. 예배의 대상은 오직 '하나님'이시다. 그런데 사역자가 드리는 예배가 때로 사람을 향할 때가 있다. 예배가 자신들이 이룬 것들이나 자신들의 위대함을 드러내는 예식으로 치러지는 것이다. 이렇게 예배의 대상이 올바르지 못하게 될 때 사역자는 하나님을 예배하는 사람으로서의 자세를 상실하고 깊은 자가당착의 오류에 빠지게 된다. 사역하는 것 자체가 교회 생활의 목적이 되고, 더 나아가 사역이 삶의 우상이 되는 것이다. 사역하기 위해서 교회에 나오고, 사역 때문에 예배를 놓치게 된다. 사역으로 인하여 하나님 중심과 이웃 사랑 중심의 삶을 상실하게 된다. 결국 사역자들이 분명하게 고백해야 할 것은 예배를 드리는 대상은 오직 하나님이시라는 것이다. 어떠한 것도 예배보다 앞설 수 없다. 사역자가 사역하는 목적은 예배이며 사역의 궁극적 완성도 예배에 있다. 사역자는 하나님을 찬양하는 예배에서 시작하여 예배로 승화되는 사역의 삶으로 나아가야 하며, 사역의 완성점에서 예배로 감사를 드리는 사람이 되어야 한다.

둘째로 사역자는 거룩하고 온전한 사역으로 예배의 결실을 맺는 사람들이다. 사역자는 예배 가운데서 하나님께 공급받은 능력으로 사역하여 그들이 드리는 예배의 결실이 되게 한다. 16절에서 히브리서의 기자는 "오직 선을 행함과 서로 나누어 주기를 잊지 말라."라고 한다. 여기서 선행은 착한 일을 하는 것을 말하고, 나눠주기는 교제 가운데 서로의 필요를 채워주는 것을 의미한다. 이것이 사역의 전형적인 모습이다. 그런데 사역자는 예배를 통하여 이렇게 온전한 사역의 모습을 완성한다. 하나님은 삶을 온전한 예배로 일구는 사역자에게 능력으로 함께하셔서 그들이 소명으로 실천하는 사역에 큰 능력이 나타나게 하시는 것이다. 그렇게 나타나는 능력은 사역자의 사역을 더욱 온전하도록 한다. 그리고 그들의 사역은 그 능력으로 온전한 선을 이루어 온전한 교제를 가능하게 한다. 놀라운 것은 이렇게 성취한 온전한 사역의 결실이 하나님께서 기뻐하시는 제사가 된다는 사실이다. 즉, 예배자로서 올바르게 세워진 사역자의 온전한 사역이 그 풍성한 결실을 맺게 되고, 그 결실로 하나님께서 기뻐하시는 예배가 이루어지게 된다는 것이다. 여기서 한 가지 중요한 사실이 있다. 16절 말씀 역시 하나님의 사역자들이 예배에 대하여 품어야 하는 바른 자세를 강조한다는 것이다. 사역자는 그 사역을 온전케 하기 위하여서도 더더욱 예배에 집중해야 한다. 하나님의 것을 공급받아 하나님의 것을 흘려보내는 일이 바로 예배이고, 사역이다. 그러므로 사역자는 먼저 예배자이어야 하고, 그 예배자가 일구는 온전한 사역의 결실이야말로 바로 하나님께서 가장 기뻐하시는 예배가 되는 것이다.

다음 글을 읽고 질문에 답해 봅시다.

주일이다. 오늘은 새벽예배에 우리 구역 특송이 있다. 우리 구역식구들이 빠지지 않고 나와야 할텐데. 온다고는 했지만 새벽이라 걱정이 된다. 이것이 목자의 마음인가? 교회에 도착해보니 아직 10분 전, 아무도 오지 않았다. 걱정이다. 이러다가 나 혼자 특송하는 불상사가 발생하는 것은 아닌지……. 이윽고 예배가 시작되었다. 나는 시계만 쳐다본다. 뒷문이 열리면 자꾸 고개가 돌아간다. 아! 이집사님과 최집사님이 오셨다. 다행이다.

구역 식구들과 목사님과 함께 아침식사를 하고 1부 사역자 예배를 드리는데 자꾸만 오늘 만나야 할 아이들이 신경이 쓰인다. 어제 저녁에 한 번 더 전화하지 못한 것이 자꾸 마음에 걸린다. 불안한 마음에 살며시 핸드폰을 꺼내어 문자를 보낸다. 그리고 예배 후 약속 장소로 갔다. 그러나 약속시간이 지나도 아이들은 나오지 않는다. 휴~~ 힘이 다 빠진다. 예배시간이 다 되었는데, 오늘 결국 성연이와 미소가 교회에 오지 않았다. 매번 지각하는 아이들, 전화하지 않으면 교회에 오질 않는다. 나머지 아이들이 앉아서 예배 드리는 것을 보고 일단 밖으로 나와 전화를 한다. 역시나 지금 일어났다. 빨리 나오라고 다그치고 예배실로 들어간다. 그러고 보니 오늘 식사당번이 우리 여전도회이다.

회장님은 "교사니까 식사당번은 하지 않아도 됩니다."라고 했지만 설거지만 하는 것도 눈치가 보인다. 아! 식사당번은 왜 이렇게 빨리 돌아오는 걸까? 이럴 땐 교사는 좀 빼주면 좋겠다는 생각이 든다……. 아이들 예배가 끝나고 부랴부랴 식당으로 향한다. 점심을 먹는 둥 마는 둥 하고 앞치마를 두르고 바로 설거지를 시작한다. 식당 봉사하는 날은 차 한 잔의 여유를 즐길 틈도 없다. 바로 오후예배에 가야한다. 나의 예배 시간은 언제인지…….

목사님과 다른 성도님들은 나더러 구역장으로, 교사로, 또 여러 가지 사역들을 잘 감당한다고 칭찬한다. 칭찬은 듣기 좋다. 그런데 주일을 마치고 나면 너무 지치고 피곤하다. 육체도 마음도 지쳐있다. 사역은 열심히 하는데 영적으로 메말라가는 것 같다. 예전처럼 기쁨도 없고, 가끔은 '내가 왜 이렇게 일하고 있지?'라는 생각도 든다. 주일에 나도 남들처럼 편안한 마음으로 예배드리고 싶다. 왜 자꾸 이런 생각이 들까?

### 1. 김소망 집사의 주일 하루에 대해서 어떻게 생각하십니까?

각자의 생각을 나누어 본다.

김소망 집사는 열심히 봉사하고 일하는 우리 주변에서 쉽게 마주칠 수 있는 신앙인이다. 그녀의 신앙생활에는 분명히 배워야할 점이 있다. 그런데 그녀가 하는 많은 일이 그녀에게 기쁨을 주기보다 오히려 그녀를 지치게 하고 영적인 무력감만 일으키는 원인이 되고 있다. 지금 성경공부 모임에 참석한 사람들은 많은 부분 김소망 집사의 고민에 공감할 것이다. 예를 들어 '사역이 너무 많다.', '나와 비슷하다.', '저렇게 일하면 금방지칠 것 같다.', '교회가 너무 일하는 사람들에게만 일을 시키는 것 같다.' 등의 이야기가 나올 수 있다. 인도자는 학습자들이 김소망 집사의 신앙생활과 교회생활에서 배워야 할 점과 바뀌어야 할 점들을 솔직하게 나눌 수 있도록 분위기를 이끌자.

### 2. 김소망 집사의 고민은 무엇이고, 그 원인은 무엇이라고 생각하십니까?

주일에 사역에만 매달려 너무 피곤하고, 쉽게 지친다는 것이다. 그로 인해서 김소망 집사는 기쁨 없이 사역을 하고 있고, 결국에는 영적으로도 메말라가고 있다. 사실, 김소망 집사의 주일은 예배보다 사역 그 자체에 지나치게 집중되어 있다. 예배가 중심에 서지 못하고 예배하는 것이 궁극적인 목적이 되지 못하는 사역이 되어 버린 것이다. 결국 예배를 통하여 능력을 공급받지 못한 채 실천하는 사역은 육체적·정신적·영적인 탈진만 가져오게 된다.

주일은 사역을 위해 존재하는 것이 아니라 온전한 예배를 드리기 위해 존재하는 것이다. 그리고 온전한 예배가 되도록 섬기는 것이 사역이다. 사실, 사역이 중요하지 않은 것은 아니다. 헌신된 사역자들의 수고야말로 오늘 우리 교회의 예배를 아름답고 풍성하게 이끈다. 사역자들 덕에 많은 사람들이 예배를 통해 은혜를 누릴 수 있는 것이다. 그렇기에 사역자도 예배를 포기하면 안 된다. 사역자가 영적인 능력을 공급받지 못하면 사역이 짐이 될 수 있고 결국 그것이 영적인 탈진을 가져온다. 이 부분에 대한 생각은 관점 바꾸기 2번에서 나눌 것이다. 본 질문에서는 인도자가 답을 말하려고 하지 말고 학습자들의 의견을 듣는 것에 집중하도록 한다. 의견을 인정하고, 왜 그렇게 생각하는지 이유를 물어본다.

 Worker인가, Worshiper인가?

인도자는 탐구하기의 제목 곧, Worker와 Worshiper라는 두 단어의 의미에 대해서 간단하게 언급할 필요가 있다. '일하는 사람'이라는 의미를 지닌 Worker가 '사역자'라는 의미로 통한다.

배울 말씀인 히브리서 13장 15-16절을 읽고 다음 질문에 답해 봅시다.

1. 다음은 배울 말씀에 나오는 하나님께서 기뻐하시는 두 가지의 예배입니다. 두 가지 예배에 대해서 자신의 생각을 정리해서 적어봅시다.

• 찬송의 제사 (15절)

찬송의 제사는 하나님께 감사함으로 찬송하는 예배다.

찬송의 제사는 믿는 자들이 그 삶 가운데 주어지는 모든 은혜로 인하여 하나님께 올려드리는 입술의 열매이다. 즉, 삶에 주어진 모든 은혜에 대해 하나님께 예배하며 감사의 고백을 드리는 것이다. 믿는 자는 예배자로서 예배를 통하여 하나님의 은혜와 선함을 깨닫게 되고 이를 감사함으로 하나님의 이름을 증거하고 찬양하게 된다.

• 사역의 삶으로 드리는 예배 (16절)

하나님은 선을 행하고 교제 가운데 나누는 사역의 결실을 예배로 받으신다.

하나님께서는 예배 가운데 충만히 임하는 하나님의 능력으로 성실하게 사역을 감당하는 사역자의 삶을 예배로 받으신다. 특별히 하나님께서는 그 헌신적인 사역 가운데 맺어지는 사역의 결실들, 즉 선과 나눔의 결실들을 그 어떤 예배보다 귀한 예물로 받으신다. 사역 자체를 예배로 드리는 것, 이것은 사역자만이 누릴 수 있는 큰 축복이다.

2. 15절 말씀의 '항상'이라는 단어가 새번역에서는 어떤 단어로 번역되어 있는지 찾아봅시다. 그리고 그 의미는 무엇입니까?

> 그러니 우리는 예수로 말미암아 끊임없이 하나님께 찬미의 제사를 드립시다. 이것
> 은 곧 그의 이름을 고백하는 입술의 열매입니다.
>
> 〈새번역, 히 13:15〉

'끊임없이'
예배는 우리의 삶에서 끊이지 않고 드려야 하는 것이다. 곧 우리가 살아가는 삶의 시간이 곧 예배로 환원되어야 하는 귀한 시간이 되어야 한다. 특별히 이 단어는 의도적으로 지속하는 사역자들의 예배에 대한 집중과 헌신을 암시한다.

새번역에서는 '항상'을 '끊임없이'로 표현하고 있다. 즉, 우리가 살아가는 동안에 끊임없이 계속해서 해야 하는 한 가지는 바로 예수 그리스도를 통하여 하나님 앞에 나아가 예배를 드리는 것이다. 신앙인의 삶은 예배를 드리는 삶이다. 예배는 하나님과 관계를 갖는 시간으로, 예배보다 더 우선시 되어야 할 것은 우리 삶에 아무것도 없다. 더욱 중요한 것은 신앙인이나 사역자나 그 예배가 자신의 삶에서 지속적으로 이어지도록 예배에 집중하고 예배가 중심이 되도록 애써야 한다는 것이다. 특별히 사역자는 예배가 그 사역하는 삶의 중심에 서고, 시작이자 끝이 되도록 힘쓰고 애써야 한다. 예배로 모든 것이 시작되고 모든 것이 종결되도록 애쓰는 일이야말로 사역자가 노력해야 하는 진정한 사역이다.

3. 때로는 신앙인들도 착한 일을 하고, 사람들을 돕고, 사람들과 나누는 행동들을 단순히 일이라고 생각하기 쉽습니다. 그러나 성경은 하나님을 기쁘시게 하는 우리들의 행동들을 제사(예배)라고 가르쳐 주고 있습니다(16절). 따라서 우리는 흔히 사역이라고 불리는 우리들의 일을 '단순한 일'의 차원으로 제한해서는 안 됩니다. 이것을 위해서 우리는 사역에 임하는 자세를 명확히 해야 합니다. 우리는 사역에 임할 때 어떤 자세를 가져야 할까요?

사역 가운데 선을 행하고 사랑을 나누어 주는 일을 실천할 때, 사역자는 단순히 자신의 것을 나누어 주거나 자신이 무엇인가를 한다고 생각하지 말아야 한다. 사역자는 하나님의 것을 나누어 준다는 마음으로 사역을 실천해야 하고 하나님께서 나를 통해 일하신다는 마음으로 모든 사역에 임해야 한다. 사역자는 예배하는 자세로 사역해야 한다. 사역을 통하여 하나님께 영광이 되도록 해야 한다는 것이다.

사역자들이 사역을 하면서 '내가 일한다', '내가 그 결과를 만든다.', '내 것을 드리는 것이다.'라고 생각하기 쉽다. 그러나 이렇게 '나'라는 생각이 중심이 되면 사역이 힘들어지기도 하고 시험거리가 되기도 한다. 우리는 우리의 사역은 '하나님의 능력'을 받아서 하는 것이며 하나님께서 당신의 일에 '나를 사용하신다.'는 생각을 가져야 한다. 사역자가 사역을 통해 이루는 선은 인간의 선이 아닌 하나님의 선이다. 서로 나누어주는 것 역시 나의 것을 나누는 것이 아니라 하나님의 것을 나누는 것이다. 이러한 마음가짐이 있을 때 사역이 일이 아니라 예배가 되어 하나님께 드려진다. 인도자는 교회에서의 사역은 단순히 내가 하는 일이나 노력이 아니라는 것, 사역은 하나님의 마음을 가지고 하나님의 뜻대로 행할 때 그것이 일을 넘어서서 예배와 같이 고귀한 결과를 낳을 수 있다는 것을 학습자들에게 가르쳐주어야 한다.

## 관점바꾸기 · 하나님께서 찾으시는 사람

평신도 제자 훈련 교재

1. 요한복음 4장 23절 '아버지께 참되게 예배하는 자들은 영과 진리로 예배할 때가 오나니 곧 이때라 아버지께서는 자기에게 이렇게 예배하는 자들을 찾으시느니라'에서 '찾으시느니라'의 의미는 '원하다, 요구하다'라는 뜻입니다. 하나님께서는 어떤 사람을 찾으십니까?

영과 진리로 참되게 예배하는 자

이 질문에 대한 대답을 하나님께서는 당신의 의지로 그저 '예배하는 자'를 찾으신다고 제한하는 것은 불완전하다. 우리는 흔히 이 불완전한 답에 얽매여 있다. 자신의 의지로 예배하는 사람의 모습은 참된 예배자의 모습이라 할 수 없다. 이러한 인본주의적인 생각 때문에 우리는 참된 예배가 아닌 거짓된 예배를 만족하는 경향이 있다. '하나님께서 누구를 찾으시는가' 하는 질문에 대한 정확한 답은 바로 하나님께서는 '영과 진리로 참되게 예배하는 자'를 찾으신다는 것이다. 참됨의 기준이 영과 진리인 것이다. 하나님의 영과 진리로 충만하여 오직 하나님만 바라보고, 오직 하나님의 뜻이 실현되기를 간절히 바라는 사람, 그리고 그런 마음으로 예배하는 사람이 이 질문의 정확한 답이다.

2. 다음 글을 읽고 '관심갖기'에 나온 김소망 집사의 고민을 해결할 수 있는 방법을 나누어 봅시다.

> ⟨진정한 예배자⟩ / 하용조 지음/두란노/사랑하며 섬기며
> 진짜 믿음을 가진 사람들은 예배를 드립니다. 믿음이 있다고 하는 대부분의 사람들은 교회에 나와서 열심히 봉사를 합니다. 그런데 그런 사람들을 가만히 살펴보면 예배 가운데 있는 것이 아니라 사역 가운데 있는 경우가 많습니다. 그러나 진정한 사역은 예배에서 흘러나오는 결과입니다. 참된 예배 없이 사역을 계속하면 탈진하고 교만해지고 자고하게 됩니다. 하나님을 위해서 일을 얼마나 많이 하느냐가 그 사람의 믿음을 말해 주는 것이 아닙니다. 예배 가운데 얼마나 깊이 들어가느냐가 그 사람의 믿음을 말해 줍니다. 예배란 무엇입니까? 하나님의 임재입니다. 예배를 드리고 사역을 하는 사람은 절대 피곤하지 않습니다. 그러나 예배 없이 사역하는 사람은 오래가지 못하고 넘어지게 마련입니다.

김소망 집사의 문제는 진정한 예배자이지 못했다는 것이다. 예배에 집중하지 못하고, 예배 가운데 은혜를 누리지 못하고, 오히려 자신이 맡은 사역에 더 마음을 빼앗겨 예배로부터 공급을 받지 못했다. 그로 인하여 지치고 피곤하게 되었다. 이 상태가 계속 유지된다면 결국 탈진하게 된다. 참된 예배자가 되어야 열정적인 사역자도 될 수 있다.

인도자는 학습자들이 각자의 생각을 나누게 한다. 사역자로서 봉사자로서 자신의 모습을 비추어 스스로 어떠한가를 살펴보도록 한다. 사역자 과정에 임하는 학습자라면 김소망 집사와 같은 문제를 안고 있는 사람들이 많이 있을 것이다. 학습자들이 이 문제의 해결방안에 대하여 공감하는지, 공감하지 않는다면 어떻게 생각하는 지를 자유롭게 나누도록 한다.

1. 설교시간에 멀거니 강단을 응시하는 멀대파
2. 주보에 밑줄 긋고 교정까지 보는 꼼꼼파
3. 졸면서 끄덕끄덕 콤마를 찍는 아멘파
4. 수시로 시계를 들여다보는 안절부절파
5. 옆사람과 글로 대화하는 청각장애파
6. 예배 후에 있을 회의만 생각하는 회의 염려파
7. 설교시간에만 성경 읽기로 시간 떼우는 나홀로파
8. 찬송 부를 때 입만 벙긋대는 붕어파
9. 기도시간에 틈을 노려 묵상(?)에 잠기는 기회탐색파
10. 누가 왔나, 안 왔나 두리번거리며 인원체크하는 경비파

당신은 어떤 유형입니까?
우리 모두가 하나님께 영과 진리로 예배드리는 순정파가 됩시다!

〈날나리 세상! 닐니리 교회?, 정지미〉

위의 내용은 예배에 집중하지 못하여 온전히 예배하지 못하는 모습을 재미있게 나타낸 것이다. 읽어본 후 각자 마음에 걸리는 부분이 어떤 부분인지, 알게 모르게 예배 가운데 저질렀던 잘못된 모습들은 어떤 것이 있는지 되돌아보고 함께 나누는 시간을 갖는다.

당신은 진정한 예배자입니까? 7단원을 학습하는 4주 동안 아래의 '예배 십계명'을 활용하여 자신의 예배의 모습을 점검해 봅시다. 그리고 괄호를 채워 봅시다.

| 예배 십계명 | 1주 | 2주 | 3주 | 4주 |
|---|---|---|---|---|
| 1 예배시간을 가장 소중한 것으로 여기고 절대로 빠지지 않는다. | | | | |
| 2 예배를 위해 토요일 늦은 약속을 자제하고 일찍 잠자리에 든다. | | | | |
| 3 예배시간 20분 전에 먼저 와서 기도로 준비한다. | | | | |
| 4 성령 충만을 받기 위해 마음 문을 열고 뜨겁게 찬양한다. | | | | |
| 5 예배시 아멘의 응답을 한다. | | | | |
| 6 예배 각 순서에 자발적인 마음으로 참여한다. | | | | |
| 7 예배의 방해물(핸드폰, 잡담 등)들을 제거한다. | | | | |
| 8 예배를 통해 받고자 하는 마음보다 드리는 마음을 가진다. | | | | |
| 9 헌금을 봉투에 미리 정성껏 준비한다. | | | | |
| 10 예배를 통해 받은 은혜를 삶에 적용한다. | | | | |

예배에 관련된 과정(25~28과)을 마칠 때까지 예배를 위한 십계명을 계속 점검하도록 한다. 먼저 예배 십계명을 하나하나 읽는다. 그리고 각 항목의 필요성과 의미에 대해서 각자의 생각을 나눈다. 특별히 위의 항목 외에 자신에게 꼭 필요한 항목이 있다고 하면 11계명으로 정하여 함께 체크할 수 있도록 한다. 그리고 주일 오전 예배를 대상으로 예배 십계명을 점검하기로 정한다. 주의할 점은 예배 전에 이 표를 읽고, 예배 후에 체크를 해야 한다는 것이다. 매주 점검을 하고 있는지 교육 때마다 확인한다. 그리고 28과를 마치고 난 후 다시 이 페이지를 열어서 한 달의 시간 동안 예배의 모습이 어떻게 변화되었는지, 참된 예배자의 모습을 갖게 되었는

지, 예배의 변화를 통하여 삶이 어떻게 변화되었는지 함께 나누는 시간을 갖는다.

> 나는 사역자이기 이전에 먼저 ( 예배자 )이어야 합니다.

## 새길말씀 외우기

아버지께 참되게 예배하는 자들은 영과 진리로 예배할 때가 오나니 곧 이때라 아버지께서는 자기에게 이렇게 예배하는 자들을 찾으시느니라 (요 4:23)

## 다함께 드리는 기도

1. 오늘 배운 말씀과 내용을 생각하며 다함께 기도하는 시간을 갖도록 합시다.
2. 오늘 참석한 구성원들을 위해서 이름을 불러 가며 중보의 기도를 합시다.
3. 오늘 참석하지 못한 구성원이 있으면 그 사람을 위해 더욱 뜨거운 마음으로 기도합시다.
4. 한 주간의 삶을 통해서 오늘 배우고 익힌 내용들을 삶으로 살아갈 수 있도록 기도합시다.
5. 하나님의 은혜 가운데서 한 주를 살고, 다음 모임 시간에 모두가 모일 수 있도록 기도합시다.

＊사역자로서 이 과를 마치고 난 느낌이나 소감, 다짐 등을 간단하게 말해 봅시다.

## 다음 모임을 위하여

1. 다음 주에 읽어야 할 성경말씀을 읽고 확인합시다.
2. 26과의 배울말씀인 열왕기상 18장 20-40절을 읽고 묵상합시다.

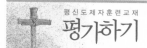
| 평가항목 | 세부사항 | 그렇다 | 그저 그렇다 | 아니다 |
|---|---|---|---|---|
| 인도자의 준비도 | 인도자는 본 과의 교육목적을 이룰 수 있도록 충분하게 준비했습니까? | | | |
| 교육목표의 성취도 | 1. 학습자들은 자신의 잘못된 선입견과 고정관념을 버리고 순수한 마음으로 주님을 만날 준비가 되었습니까?<br>2. 학습자들이 예수에 대하여 지식적으로 아는(know) 단계에서 체험적으로 아는(see) 단계로 발전하고자 결단하게 되었습니까? | | | |
| 학습자의 참여도 | 학습자들이 진지하고 적극적인 태도로 성경공부에 임했습니까? | | | |
| 성경공부의 분위기 | 성경공부를 하는 동안 학습자들이 편안한 분위기를 느낄 수 있었습니까? | | | |
| 기타 보완할 점 | 기타 보완할 점이나 건의사항이 있습니까? | | | |

## 성경 읽기표

| 읽을 범위 | | 월 일 주일 | 월 일 월요일 | 월 일 화요일 | 월 일 수요일 | 월 일 목요일 | 월 일 금요일 | 월 일 토요일 |
|---|---|---|---|---|---|---|---|---|
| | 구약 | 주일은 설교말씀 묵상 | 시 52~54편 | 시 55~57편 | 시 58~60편 | 시 61~63편 | 시 64~66편 | 시 67~69편 |
| | 신약 | | 고후 4장 | 고후 5장 | 고후 6장 | 고후 7장 | 고후 8장 | 고후 9장 |
| 확인 | | | | | | | | |

# 사역자는
# 기도의 능력을 확신합니다

**배울말씀** 열왕기상 18장 20-40절

**도울말씀** 삼상 1:27, 왕상 3:10-12, 단 2:17-19, 렘 33:3, 마 21:22, 막 9:29, 빌 4:6

**새길말씀** 여호와여 내게 응답하옵소서 내게 응답하옵소서 이 백성에게 주 여호와는 하나님이신
것과 주는 그들의 마음을 되돌이키심을 알게 하옵소서 하매 (왕상 18:37)

## 이룰 목표

① 기도가 무엇인지 안다.

② 기도의 능력은 확신 속에 있음을 깨닫는다.

③ 영적으로 깨어있기 위해, 맡겨진 사역을 위해 기도한다.

## 교육흐름표

| 10 min | 10 min | 15 min | 15 min | 10 min |
|--------|--------|--------|--------|--------|
| O.T. | 관심 | 탐구 | 관점 | 실천 |

## 교육진행표

| 구분 | 오리엔테이션 | 관심갖기 | 탐구하기 | 관점바꾸기 | 실천하기 |
|------|------------|---------|---------|-----------|---------|
| 제목 | | 어느 집사님의 첫 번째 기도 | 엘리야의 기도 | 어떤 확신? | 이렇게 기도해요 |
| 내용 | 환영 및 개요 설명 | 기도의 의미 | 확신 | 들으심과 응답하심 | 확신기도 |
| 방법 | 강의 | 경험 및 생각 나누기 | 성경 찾아 답하기 | 기도하기 | 기도 작성 및 기도하기 |
| 준비물 | 출석부 | | 성경책 | | |
| 시간(60분) | 10분 | 10분 | 15분 | 15분 | 10분 |

　　오늘날 교회는 기도의 능력을 상실하고 있다. 신앙의 자세에 있어서 기도의 능력을 확신하며 직면해 있는 상황들을 믿음으로 극복하려고 하기보다 오히려 이해타산(利害打算)적이어서 믿음의 용적이 이성과 논리로 환원되고 있는 모습을 보게 될 때가 많다. 뿐만 아니라 이 시대 속에서 영적으로 깨어 있음으로 하나님에 대한 절대적 신뢰와 하나님을 믿는 자들에 대한 역사하심보다 더 나은 환경과 복지에 많은 관심을 두고 있다. 이러한 태도는 결국 무기력한 종교행위에 불과할 뿐이다.

　　기도는 하나님과의 소통이며 동시에 영적인 호흡이라 할 수 있다. 하나님과의 소통에 소홀하면 인간은 자연히 인간과 세상의 방식과 결탁할 수밖에 없다. 믿는 자들은 믿음을 가지고 구하는 기도의 제목들을 하나님께서 반드시 이루어주신다는 것을 믿어야 한다(렘 33:3). 교회의 리더십들은 기도의 능력에 대해 분명한 확신을 가져야 하며 평신도 지도자로서 이 훈련에 임하고 있는 여러분 역시 기도의 능력을 이론이 아닌 구체적인 실제로서 체험할 수 있어야 한다.

　　이를 위해 우선, 사역자는 기도할 때 '확신'을 가지고 기도해야 한다. 그 확신이란 히브리서 11장 6절에서 "하나님께 나아가는 자는 그가 살아계시는 것과 그가 자기를 찾는 자들에게 반드시 상 주시는 이심을 믿어야 할지니라." 라고 말씀하신 것처럼, 하나님께서 지금도 살아계셔서 역사하신다는 확신, 그리고 하나님께서 그러한 확신을 가지고 구하는 기도를 들으시고 반드시 응답하신다는 확신을 의미한다. 이것이 바로 사역자의 가장 기본적인 자세이다. 그러기에 사역자는 기도의 능력을 믿어야 한다. 즉 믿음을 가지고 구하면 반드시 하나님께서 응답하시므로 기도는 능력이 있다. 무엇보다 사역자는 구체적으로 기도하는 자여야 한다. 하나님께서 지으신 세계를 위해서, 속해 있는 나라와 사회를 위해서, 교회를 위해서, 내게 맡겨주신 사역과 중보기도가 필요한 이들을 위해서 구체적으로 기도해야 한다. 그리고 그렇게 구한 기도제목들에 대해 응답해 주시는 하나님의 역사를 삶 속에서 체험하며 감사해야 한다. 또한 사역자는 자신의 형편을 위해서 기도하는 일도 열심을 다해야 하겠지만 무엇보다 내가 아닌 타인과 공동체를 위해 기도할 수 있는 넓은 마음과 도량을 갖추어야 한다.

오늘의 배울말씀에서는 엘리야의 기도를 만나게 된다. 엘리야는 풍요와 다산의 상징인 바알신이 팽배해 있는 문화 속에서 일대 격전을 치른다. 엘리야가 직면해 있는 상황은 객관적으로 열세였지만 그는 하나님의 역사에 대한 '확신'이 있었다. 바로 그 확신이 갈멜산에서 상대해야 할 450명의 바알을 섬기는 제사장들을 대적할 수 있는 담대함을 갖게 했고 또 그 확신이 큰 능력으로 나타났다. 그는 그렇게 확신을 가지고 부르짖음으로써 오직 하나님만이 이 세상의 진정한 통치자이시며 신(神)이심을 온 세상 속에 증거한 것이다. 사역자가 확신을 가지고 구하는 기도는 능력이 있다.

평신도제자훈련교재
**관심갖기**　　　　　어느 집사님의 첫 번째 기도

다음 글을 읽고 질문에 답해 봅시다.

> 저는 새해가 되면서 집사로 임명을 받았습니다. 아내를 따라 교회에 나오게 된 지 얼마 되지는 않았지만, 집사라는 직분을 가지게 되니까 기분이 나쁘지는 않더라고요. 사실 저는 제가 집사가 되었다는 것을 몰랐는데 연말에 있는 교회의 사무총회에서 나눠 준 총회록에 보니 제 이름이 집사명단에 있는 게 아닙니까? 옆에 앉은 아내를 쿡쿡 찔러 "여보, 여기 내 이름이 있네." 그랬더니 아내가 빙그레 웃으면서 "여보도 이제 집사님이 되셨네요." 하는 게 아닙니까? 그래서 제가 집사가 된 줄 알았습니다. 마음속으로는 '이렇게도 집사가 되는구나.' 하는 생각이 들기도 했습니다. 사실, 저는 집사가 되기 위한 교육을 받은 적이 없습니다. 직장생활이 바쁘다는 핑계로 아내를 따

라 교회에 처음 등록하고 매 주일 예배 후에 있는 4주간의 새가족성경공부 밖에 참석을 못했거든요. 아내는 주일예배뿐 아니라, 수요일과 금요 철야기도회도 열심히 참여했습니다. 저는 고작 주일에만 참석했는데 어찌된 건지 제가 집사가 되었더라고요. 아마도 아내의 열심을 고려해서 저에게 집사라는 직분을 허락한 게 아닌가 싶습니다. 그러니 저는 예배에 참석만 했지 교회활동에 대해서 아는 것이 별로 없었습니다.

지금부터의 이야기는 이런 제가 처음으로 겪게 된 기도와 관련한 이야기입니다. 평소 모든 예배에 열심을 보였던 아내가 교회에 주일학교 교사가 부족해서 교사로 봉사할 수 있으면 좋겠다는 한 전도사님의 권유에 올해부터 초등부 교사로 봉사를 시작했습니다. 그런데 어찌된 영문인지 아내가 남편인 저도 같이 봉사하면 좋겠다고 꽤 오랫동안 저를 설득하는 게 아니겠습니까? 주일학교에 교사가 많이 부족했던 모양이었습니다. 하지만 저는 처음부터 거절했습니다. 지금만으로도 저는 교회생활이 충분하다 생각했기 때문에 아내에게 그렇게 말했습니다. 그런데도 아내는 이런 이유 저런 이유를 대면서 저에게 꼭 함께 봉사하자고 권유하는 게 아닙니까. 저는 "당신에게 집사라는 직분을 주신 이유는 봉사하라고 주신 것일지도 몰라요."라는 아내의 말에 결국 가정의 안녕과 평화를 위해 수락하고 말았습니다.

저는 이렇게 주일학교에서 비록 보조교사이지만 교사로서 봉사를 시작했습니다. 그런데 문제가 일어나고 말았습니다. 제가 봉사하게 된 반의 교사이신 권사님께서 첫날부터 저에게 기도를 시키신 겁니다. 저는 시간이 지난 지금 그때를 생각해보면 그때 제가 뭐라고 기도했는지 전혀 생각나지 않습니다. 그때까지 사실 누군가 제게 기도를 시켜본 적도 없고, 제가 기도를 해본 적이 별로 없었기 때문입니다. 지금 생각해보니 직장생활 하면서 식사기도조차 해본 적이 없었습니다. 그런 저에게 권사님께서 분반공부를 위해서 기도를 해달라고 하셨으니 이를 어찌하면 좋단 말입니까? 아마도 제 아내를 보시고 안심하고 저에게 기도를 시키신 모양입니다.

마침내 저는 시작도 끝도 없는 기도를 하고야 말았습니다. 물론 권사님께서 도와주시지 않았다면 그때 그 기도는 아직도 끝이 나질 않았는지도 모릅니다. "예수 그리스도의 이름으로 기도합니다. 아멘." 이 기도문이 생각이

나질 않았기 때문입니다. 다행히 권사님께서 필요한 순간에 도와주셨기에
망정이지 지금 생각만 해도 아찔했던 순간이었습니다. 지금은 어떠냐고요?
지금은 기도를 맡으면 미리 기도문을 써가서 읽습니다. 처음에 당황했던 기
억을 떠올려보면 지금도 얼굴이 화끈거리거든요. 제게는 '기도' 하면 그때 그
경험이 제일 먼저 떠오릅니다.

1. 위 글에 나오는 집사님처럼 여러분이 제일 처음 대표로 기도할 당시, 어떠했었
   는지 기억을 되살려 이야기해 봅시다.

   각자의 경험을 들어보고 나눈다.

2. 신앙생활에 있어서 '기도'란 무엇인지 서로의 생각을 이야기해 봅시다.

   기도는 하나님께 구함이다. 그 구함 속에는 나를 죄악 속에서 불러내시고 믿는 자
   삼아주시며 동시에 자녀 삼아 주신 하나님에 대한 부름이 있으며 그리고 감사가 있
   다. 나를 나보다 더 잘 아시고 나를 지으신 하나님 앞에 나의 필요를 구하고, 또한
   나를 통한 하나님의 뜻을 알기 위하여 하나님의 음성을 경청하는 것이 기도다. 무
   엇보다 그렇게 다가와 나에게 말씀하시는 하나님 앞에서 믿음의 길을 포기하지 않
   고 걸어가겠다고 결단하고 또 그렇게 살아가는 것이 기도다.

배울말씀 열왕기상 18장 20-40절을 읽고 다음 질문에 답해 봅시다.

1. 열왕기상 18장은 갈멜산에서의 대결을 다루고 있습니다. 현재 진행되고 있는
   상황이 어떤 상황인지 18장 전체를 읽고 이야기해 봅시다.

   엘리야의 제안에 따라 갈멜 산상에서 엘리야와 바알 선지자 450명이 대결하게 된
   다. 당시 이스라엘은 여호와와 바알을 겸하여 섬기는 상태에 있었기에 엘리야는 그
   런 미지근한 신앙에 대해 일침을 가한 것이다. 불로 응답하는 신을 하나님으로 섬
   기자는 엘리야의 제안에 백성은 모두 찬성했다. 먼저, 450명의 바알 선지자들이
   기도하지만, 그들이 기대하는 응답이 하늘에서 내려오지 않자, 그들은 인간적인 온
   갖 방법을 동원한다. 제단 주위에서 춤추며 바알을 불렀지만 응답이 없고, 급기야
   칼과 창으로 자신들의 몸을 상하게 하면서까지 몸부림쳐 보지만 끝내 아무런 응답
   이 없다. 반면에 엘리야의 제사는 온 이스라엘로 하여금 여호와가 진정한 하나님 되
   심을 알게 해 달라는 간절한 기도로 시작되었다. 그렇게 간절히 부르짖는 엘리야의
   기도에 하나님께서 응답하셨다.

2. 엘리야는 응답에 대한 확신을 가지고 있었습니다. 무엇으로 알 수 있을까요?

   두 편의 대항에 있어서 승자는 '불'로 응답하는 쪽이었다(24절). 바알 선지자들의 실
   패를 확인한 엘리야는 많은 증인들 앞에서 제단을 쌓고 제단을 돌아가며 도랑을 만
   든다(32절). 그리고 나무를 벌이고 송아지의 각을 떠서 나무 위에 놓고 통 넷에 물
   을 채워 번제물과 나무 위에 붓도록 명한다. 그렇게 세 번을 하게 하여 물이 제단으
   로 두루 흐르고 도랑에도 물이 가득 차게 했다(33-35절). 그리고 엘리야는 하나님

을 부르며 기도했다. 엘리야는 반드시 불로 응답하실 것을 확신하며, 그 불에 비하면 제단에 뿌려진 물은 아무것도 아니라고 여겼는지 모른다.

3. 기도는 하나님을 향해 요청하는 것입니다. 현재 우리를 둘러싼 상황이 힘들게 전개되고 있어도 그 상황을 이기시는 이가 하나님이시며 모든 상황을 그의 뜻 가운데 인도해 가실 것이라는 확신으로 기도하는 것이 바람직할 것입니다. 엘리야의 기도에 하나님께서는 어떻게 응답하셨습니까?

마침내 여호와의 불이 내려서 번제물과 나무와 돌과 흙을 태우고 또 도랑의 물을 핥아버릴 만큼 응답하셨다(38절). 확신 있는 기도만큼이나 확실하게 응답하셨다.

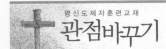

평신도제자훈련교재
**관점바꾸기**　　　　　　　어떤 확신?

1. 히브리서 11장 6절에 "하나님께 나아가는 자는 반드시 그가 계신 것과 또한 그가 자기를 찾는 자들에게 상 주시는 이심을 믿어야 할지니라."라고 말씀하십니다. 그러므로 하나님께 기도하는 자는 하나님에 대한 확신을 가지고 그분께 나아가는 자입니다. 우리는 어떠한 기도를 해야 합니까?

확신이 있는 기도는 하나님께서 나의 간구를 반드시 들으신다는 믿음과, 동시에 반드시 응답하신다는 믿음이 동반되는 기도이다. 이러한 기도는 반드시 응답하신다.

2. 우리는 예배에서 주기도문과 사도신경으로 기도합니다. 그런데 습관적으로 암송할 때가 대부분입니다. 아래의 주기도문과 사도신경을 천천히 읽을 때, 그 문장을 이해하고 확신하면서 기도해 봅시다.

〈주기도문〉
하늘에 계신 우리 아버지,
아버지의 이름을 거룩하게 하시며
아버지의 나라가 오게 하시며,
아버지의 뜻이 하늘에서와 같이 땅에서도 이루어지게 하소서.
오늘 우리에게 일용할 양식을 주시고,
우리가 우리에게 잘못한 사람을 용서하여 준 것같이
우리 죄를 용서하여 주시고,
우리를 시험에 빠지지 않게 하시고 악에서 구하소서.
나라와 권능과 영광이 영원히 아버지의 것입니다. 아멘.


〈사도신경〉
나는 전능하신 아버지 하나님, 천지의 창조주를 믿습니다.
나는 그의 유일하신 아들, 우리 주 예수 그리스도를 믿습니다.
그는 성령으로 잉태되어 동정녀 마리아에게서 나시고,
본디오 빌라도에게 고난을 받아 십자가에 못 박혀 죽으시고,
장사된 지 사흘 만에 죽은 자 가운데서 다시 살아나셨으며,
하늘에 오르시어 전능하신 아버지 하나님 우편에 앉아 계시다가,
거기로부터 살아있는 자와 죽은 자를 심판하러 오십니다.
나는 성령을 믿으며,
거룩한 공교회와 성도의 교제와 죄를 용서 받는 것과
몸의 부활과 영생을 믿습니다. 아멘.

 평신도제자훈련교재 **실천하기** 이렇게 기도해요!

어떤 요청을 할 때, '들어줄까? 안 들어주면 할 수 없지.'라는 회의적인 태도를 가지고 요청하는 것보다는 '꼭 들어주세요. 안 들어주시면 안돼요.'라는 절실하면서도 들어줄 것이라는 확신을 가지고 요청할 때 그 요청을 들어줄 가능성이 더 많을 것입니다. 우리의 기도 역시 다르지 않습니다. 우리는 기도할 때마다 반드시 응답해 주실 것이라는 확신을 가지고 기도해야 합니다. 기도할 때마다 아래와 같은 지침을 점검해야 합니다. 아래의 지침을 보면서 기도문을 작성해 봅시다.

〈확신기도 지침〉
하나. 하나님께서 이 기도를 반드시 들으신다는 확신이 있었는가?
둘. 분명하고 구체적인 요청이 있었는가?
셋. 요청에 대한 응답의 확신을 가졌는가?
넷. 응답에 대한 감사가 있었는가?

확신기도 작성하기

## 새길말씀 외우기

여호와여 내게 응답하옵소서 내게 응답하옵소서 이 백성에게 주 여호와는
하나님이신 것과 주는 그들의 마음을 되돌이키심을 알게 하옵소서 하매
(왕상 18:37)

## 다함께 드리는 기도

1. 오늘 배운 말씀과 내용을 생각하며 다함께 기도하는 시간을 갖도록 합
   시다.
2. 오늘 참석한 구성원들을 위해서 이름을 불러 가며 중보의 기도를 합시다.
3. 오늘 참석하지 못한 구성원이 있으면 그 사람을 위해 더욱 뜨거운 마음
   으로 기도합시다.
4. 한 주간의 삶을 통해서 오늘 배우고 익힌 내용들을 삶으로 살아갈 수 있
   도록 기도합시다.
5. 하나님의 은혜 가운데서 한 주를 살고, 다음 모임 시간에 모두가 모일 수
   있도록 기도합시다.

\*사역자로서 이 과를 마치고 난 느낌이나 소감, 다짐 등을 간단하게
  말해 봅시다.

## 다음 모임을 위하여

1. 다음 주에 읽어야 할 성경말씀을 읽고 확인합시다.
2. 27과의 배울말씀인 사도행전 4장 1-31절을 읽고 묵상합시다.

| 평가항목 | 세부사항 | 그렇다 | 그저 그렇다 | 아니다 |
|---|---|---|---|---|
| 인도자의 준비도 | 인도자는 본 과의 교육목적을 이룰 수 있도록 충분하게 준비했습니까? | | | |
| 교육목표의 성취도 | 1. 학습자들은 자신의 잘못된 선입견과 고정관념을 버리고 순수한 마음으로 주님을 만날 준비가 되었습니까?<br>2. 학습자들이 예수에 대하여 지식적으로 아는(know) 단계에서 체험적으로 아는(see) 단계로 발전하고자 결단하게 되었습니까? | | | |
| 학습자의 참여도 | 학습자들이 진지하고 적극적인 태도로 성경공부에 임했습니까? | | | |
| 성경공부의 분위기 | 성경공부를 하는 동안 학습자들이 편안한 분위기를 느낄 수 있었습니까? | | | |
| 기타 보완할 점 | 기타 보완할 점이나 건의사항이 있습니까? | | | |

## 성경 읽기표

| 읽을 범위 | | 월 일<br>주일 | 월 일<br>월요일 | 월 일<br>화요일 | 월 일<br>수요일 | 월 일<br>목요일 | 월 일<br>금요일 | 월 일<br>토요일 |
|---|---|---|---|---|---|---|---|---|
| | 구약 | 주일은 설교말씀 묵상 | 시 70~72편 | 시 73~75편 | 시 76~78편 | 시 79~81편 | 시 82~84편 | 시 85~87편 |
| | 신약 | | 고후 10장 | 고후 11장 | 고후 12장 | 고후 13장 | 갈 1장 | 갈 2장 |
| 확인 | | | | | | | | |

# MEMO

# 27
평신도 제자훈련교재

# 사역자는
# 성령충만한 삶을 삽니다

**배울말씀**  사도행전 4장 1-31절
**도울말씀**  마 10:20, 막 13:11, 눅 1:67, 요 20:22, 행 2:4; 6:3, 롬 8:26, 갈 5:16, 엡 5:18
**새길말씀**  소망이 우리를 부끄럽게 하지 아니함은 우리에게 주신 성령으로 말미암아 하나님의
사랑이 우리 마음에 부은 바 됨이니 (롬 5:5)

## 이룰 목표

① 성령이 누구이시고 그 역할이 무엇인지 안다.
② 그 성령이 우리 속에 충만한 삶이 어떤 삶인지를 깨닫는다.
③ 성령충만한 삶을 살 때 일어나는 삶의 열매를 기대하며 생활 속에서 구체적으로 성령충만한 삶을
실천한다.

## 교육흐름표

| 15 min | 10 min | 15 min | 15 min | 15 min |
| O.T. | 관심 | 탐구 | 관점 | 실천 |

## 교육진행표

| 구분 | 오리엔테이션 | 관심갖기 | 탐구하기 | 관점바꾸기 | 실천하기 |
|---|---|---|---|---|---|
| 제목 | | 성령, 그분을 파헤치다! | 성령께서 일하시다! | 성령으로! | 성령님을 만나다! |
| 내용 | 환영 및 개요 설명 | 어떤 분이신가 | 성령의 역사 | 성경 속 성령 | 성령님과의 교통 |
| 방법 | 강의 | 생각 나누기 | 성경 찾아 답하기 | 성경 찾아 답하기 | 기도문 작성 및 찬양과 기도 |
| 준비물 | 출석부 | | 성경책 | | |
| 시간(70분) | 15분 | 10분 | 15분 | 15분 | 15분 |

성령 또는 하나님의 영은 구약성서에서는 '루아흐'로, 신약성서에서는 '프뉴마'로 표현되어 있다. 성령은 성부로부터 나오시고 성자를 통해서 오시는 분이시지만 성부와 성자와 동일한 본질을 가지신다. 성령은 예배 받으실 하나님의 영으로 보이지 않는 인격체이시며, 아버지께서 약속하신 생명의 영이시다. 구약성서에서 성령은 천지가 창조될 때에 창조사역에 참여하셨으며(창 1:2), 만물을 새롭게 하시는 분으로 소개된다(시 104:30). 또 신약성서에서는 성령의 사역이 예수 그리스도와 관련하여 소개되는데 예수 그리스도의 탄생(마 1:18, 눅 1:35), 세례(마 3:16), 시험(마 4:1, 막 1:12, 눅 4:1) 그리고 사역(마 12:28)에서도 활동하셨으며, 십자가의 수난(히 9:14)과 부활(롬 1:4, 벧전 3:18)에도 관여하셨다. 무엇보다 오순절에 임하신 성령은 성부로부터 성자에 의해 보냄을 받을 성령에 대한 약속(요 15:26)의 성취였다.

성령은 사람으로 하여금 거듭나게 하여 새로운 영적 생명을 주신다. 즉, 각 사람으로 하여금 죄를 깨닫게 하고 예수를 생각나게 하며 믿어 주로 고백하게 하시고, 우리를 인치시고 우리 안에 내주하셔서 구원의 확신을 주시고, 속사람을 강건하게 하시고, 거룩한 성품과 삶을 이루도록 충만히 지배하시며, 우리에게 복음전도의 능력을 부여하신다. 그리고 자신의 뜻에 따라 은사를 주셔서 교회사역을 돕게 하시고 하나님의 영광을 위하여 신자에게 성령의 열매를 주신다.

성경은 이러한 성령 하나님과 우리 인간이 관계를 맺는 다양한 방식들에 대해서 말을 해주고 있는데, 그 중에서 눈에 띄는 표현 중의 하나가 바로 성령을 세례와 관련해서 표현한 것이다. 복음서에 따르면 세례 요한은 자신의 세례와 그리스도의 세례의 차별성에 대해서 이렇게 말한다. "나는 너희로 회개케 하기 위하여 물로 세례를 주거니와 내 뒤에 오시는 이는 …… 성령과 불로 너희에게 세례를 주실 것이요"(마 3:11, 눅 3:16, 막 1:8). 성서에 의하면 그리스도가 베푸실 것으로 이해된 성령세례는 부활한 그리스도께서 약속하신 성령의 세례로 이해된다. 사도행전에 따르면 부활한 그리스도는 곧 뒤따를 오순절의 성령강림의 사건을 성령세례로 설명하기 때문이다. "예루살렘을 떠나지 말고 내게 들은 바 아버지의 약속하신 것을 기다리라. 요한은 물로 세례를 베풀었으나 너희는 몇 날이 못 되어 성령으로 세례를 받으리라"(행 1:4,5).

한편, 성경은 성령세례와 물세례의 동시성에 대해서 말하고 있기도 하지만(행 2:38), 그와 동시에 초대 그리스도인들 중에서 '요한의 세례'만 받았지, 성령으로 세례를 받지 못한 자들이 물에 의한 세례와 별개로 성령에 의한 세례를 받는 경우(행 19:1-7)를 말해주고 있다. 이와 관련하여 성령세례가 무엇인가에 대해서는 기독교 역사에서 크게 두 가지로 이해되어 왔다. 가톨릭과 종교개혁 시대의 개신교회에서는 처음에는 중생을 성령세례라고 이해하였다. 고린도전서 12장 3절에서 "성령으로 아니하고는 누구든지 예수를 주시라 할 수 없느니라."라고 말한 것처럼, 중생은 성령에 의해서 가능한 것으로, 중생과 성령세례는 별개의 것이 아니라고 인정되었다. 웨슬리 역시 처음에는 이러한 입장으로서 단지 중생 이후 두 번째 체험으로서 '성화'가 있음을 강조할 뿐이었다. 이때의 성화란 초기의 성화를 의미하는 '중생' 이후의 완전성화로서의 '성결'을 의미한다. 이것은 '그리스도인의 완전'이요, '성령충만'이요, '성령세례의 결과'라고 할 수 있을 것이다. 여기서 웨슬리가 두 번째 은혜로서의 '성결'인 그리스도인의 완전이요, 성령충만을 인정한 것이 성화의 사건을 성령세례와 연관시켜 발전시킬 수 있었던 계기를 마련했다. 성화에 이르는 모든 능력은 오직 성령의 은혜에 의한다. 이러한 웨슬리의 입장은 미국으로 건너가면서 일대 전환을 맞게 된다. 특별히 19세기의 성결운동을 통하여 이제 성화는 두 번째 은혜를 가능하게 하는 성령의 세례 사건으로 인정되고, 이는 원죄의 부패성을 제거하는 특별한 제2의 사건으로 이해되었다. 이제 웨슬리안 신학의 한 입장은 중생 이후의 두 번째 사건이 성령세례라고 하는 새로운 신학적 주장을 받아들이며 이에 한국의 성결교회도 19세기 성결운동을 거쳐서 이해된 성령세례에 대한 견해를 받아들이게 된다. 성령세례와 성령충만은 많은 학자들 사이에서 성화(초기성화 이후의 완전성화로서)를 의미하는 동의어로 사용되지만, 개념상으로는 일회적 경험인 성령세례는 예언된 형태를 표현하는 것이며, 계속적이고 반복적인 성령충만은 예언이 성취된 상태를 표현하는 것이다. 그러므로 그리스도인은 성령충만을 위해 스스로를 겸비하고 성령세례의 결과인 거룩한 삶을 살아냄으로 성령께서 주시는 열매를 삶 속에서 증거하고 경험할 수 있도록 해야 한다.

평신도 제자 훈련 교재
## 관심갖기
성령, 그분을 파헤치다!

아래 만화를 보고 다음 질문에 답해봅시다.

〈국민일보, 2010년 4월 18일자〉

1. 성령님은 어떤 분이신지 이야기해 봅시다.

요한복음 14장 16절에서 예수님께서는 "내가 아버지께 구하겠으니 그가 또 다른 보혜사를 너희에게 주사 영원토록 너희와 함께 있게 하시리니"라고 하셨다. 곧 성령님은 우리와 영원토록 함께하시며 우리를 돕는 분으로서 우리의 전인적인 영역 속에서 고통 가운데 있을 때 위로하시며 낫게 하시는 분이다. 또한 우리가 기쁨 가운데 있을 때 역시 우리와 함께 기뻐하시고 우리를 격려하시는 분이다. 하지만 우리를 가르치시는 분이심과 동시에(26절), 우리로 진리 가운데로 인도하시는 분으로(13절), 죄에 대하여, 의에 대하여, 심판에 대하여 세상을 책망하시는 분이기도 하다(요 16:8).

2. 무엇으로 우리에게 성령이 오셨는지 알 수 있을까요? 이야기해 봅시다.

고린도전서 12장 3절에 성령으로 아니하고는 누구든지 예수를 주시라 할 수 없다고 하였다. 진정으로 예수님이 나의 구원자이심을 믿는다면 그것이 성령님께서 함께하신다는 증거다. 그 외에 성령님의 역사를 경험한 일들을 나누어 보자.

평신도 제자훈련 교재
탐구하기                    성령께서 일하시다!

배울말씀인 사도행전 4장 1–31절을 읽고 물음에 답해 봅시다.

1. 베드로와 요한은 현재 이 순간이 이르기까지 갇혀있었습니다. 무엇 때문이었는지 1–5절을 읽고 찾아봅시다.

베드로와 요한이 예수님에 대하여 증언하다가 투옥된 이 사건은 일종의 박해 사건이라고 볼 수 있다. 사도행전 3장에서 베드로가 설교한 장소는 솔로몬의 행각이었는데(행 3:11), 그곳에서 베드로가 증언한 내용은 예수 안에 죽은 자의 부활이 있다는 것이었다(행 4:2). 그런데 사두개인들은 영혼의 존재, 부활과 내세, 그리고 천사와 같은 영적 존재들을 부정하는 자들이었다. 그래서 당시 요직에 있었던 사두개인들이 자신들의 권위를 이용하여 베드로와 요한을 가두었던 것이다. 그들은 자신들과 같은 권위와 자격이 없는 자들이, 자신들의 입장에 반하는 내용을 전하고, 뿐만 아니라 그 증언의 말씀에 능력이 있어 표적과 기사가 일어나는(행 5:12) 것에 대해 경계하였기 때문이다.

2. 관리들과 장로들이 베드로와 요한을 공회 가운데 세우고 '너희가 무슨 권세와 누구의 이름으로 이 일을 행하였느냐?'라고 질문했을 때, 베드로가 성령이 충만하여 그들에게 응답한 내용은 무엇입니까? 9-12절을 읽어보고 찾아봅시다.

이 사건에 앞서 일어난 성전 미문에서 구걸하던 나면서부터 못 걷게 된 이를 치료한 것은 지금 베드로와 요한을 심문하고 있는 세력들이 십자가에 못 박고 하나님이 죽은 자 가운데서 살리신 나사렛 예수 그리스도의 이름 때문이며, 그런 예수님을 그 세력들은 거절했지만 믿는 이들에게는 구원의 이름이 된다는 것을 증언하였다.

3. 성령이 충만한 사도들을 통하여 일어난 일들에 대해 찾아봅시다.

| 구절 | 일어난 일 |
|---|---|
| 13절, 19절, 29절, 31절 | 담대하게 ( 증언 )함 |
| 10절, 16절, 22절, 30절 | ( 표적 )이 나타남 |
| 21절 | 하나님께 ( 영광 )을 돌림 |

예수님께서 허락하셔서 보내신 성령님께서 제자들을 통하여 이루신 일들은 당시 사람들에겐 놀라운 일들이었다. 놀라운 일들이란 구체적으로 제자들을 통하여 담대하게 말하게 하고, 표적이 나타나고 하나님께 영광을 돌리는 일들이 생겼다.

주어진 말씀의 빈칸에 알맞은 말은 무엇일까요? 그 답을 찾아보고 성령에 대해 함께 이야기해 봅시다.

열왕기하 2:9
건너매 엘리야가 엘리사에게 이르되 나를 네게서 데려감을 당하기 전에 내가 네게 어떻게 할지를 구하라 엘리사가 이르되 당신의 ( 성령 )이 하시는 역사가 갑절이나 내게 있게 하소서 하는지라.

시편 51:11
나를 주 앞에서 쫓아내지 마시며 주의 ( 성령 )을 내게서 거두지 마소서

이사야 63:10
그들이 반역하여 주의 ( 성령 )을 근심하게 하였으므로 그가 돌이켜 그들의 대적이 되사 친히 그들을 치셨더니

마태복음 10:20
말하는 이는 너희가 아니라 너희 속에서 말씀하시는 이 곧 너희 아버지의 ( 성령 )이시니라

마가복음 3:29
누구든지 ( 성령 )을 모독하는 자는 영원히 사하심을 얻지 못하고 영원한 죄가 되느니라 하시니

누가복음 4;1
예수께서 ( 성령 )의 충만함을 입어 요단 강에서 돌아오사 광야에서 사십 일 동안
( 성령 )에게 이끌리시며

요한복음 14:26
보혜사 곧 아버지께서 내 이름으로 보내실 ( 성령 ) 그가 너희에게 모든 것을 가르치
고 내가 너희에게 말한 모든 것을 생각나게 하리라

사도행전 1:8
오직 ( 성령 )이 너희에게 임하시면 너희가 권능을 받고 예루살렘과 온 유대와 사마
리아와 땅 끝까지 이르러 내 증인이 되리라 하시니라

로마서 15:13
소망의 하나님이 모든 기쁨과 평강을 믿음 안에서 너희에게 충만하게 하사 ( 성령 )
의 능력으로 소망이 넘치게 하시기를 원하노라

고린도전서 3:16
너희는 너희가 하나님의 성전인 것과 하나님의 ( 성령 )이 너희 안에 계시는 것을 알
지 못하느냐

갈라디아서 3:2
내가 너희에게서 다만 이것을 알려 하노니 너희가 ( 성령 )을 받은 것이 율법의 행위
로냐 혹은 듣고 믿음으로냐

에베소서 5:18
술 취하지 말라 이는 방탕한 것이니 오직 ( 성령 )으로 충만함을 받으라

디모데후서 1:14
우리 안에 거하시는 ( 성령 )으로 말미암아 네게 부탁한 아름다운 것을 지키라

모든 구절 속에서 성령님의 다양한 역사를 곱씹어 보면서 성령님과 더 깊은 교제
를 할 수 있도록 한다.

 평신도제자훈련교재

## 실천하기                    성령님을 만나다!

1. 오늘 배운 내용을 곰곰이 돌아보면 그동안 내 안에 계신 성령에 대해 민감하지 못했음을 발견하게 됩니다. 이 시간 내 안에 계신 성령께 편지를 써봅시다. 오늘 배운 내용들을 중심으로 성령님에 대해 내가 몰랐던 부분, 성령님에 대해 앞으로 어떤 태도로 살 것인지를 생각하며 써 봅시다.

> 성령님께
>
> _____
>
> _____
>
> _____
>
> _____
>
> _____
>
>                                  드림

2. 내 안에 계시며 나를 통하여 하나님의 뜻을 이루시려는 성령님을 의지하며 모두 일어나 함께 아래 찬양을 불러봅시다.

오소서 진리의 성령님
(원제:부흥 2000)

고형원

오 소서진 리 의 성령님- 이땅흔들며잉 하소서-
오 소서은 혜의 성령님- 하늘가르고잉 하소서-

거 것과탕 욕쳐 악에무너건- 우리가슴정케하소 서

거 룩한불꽃-하늘 로서잉하사- 타오 르게하소서주영광위 해

부흥의불길-타오 르게 하소서-- 진리 의말씀-이땅새롭게하소 서

은혜의강물- 흐르게하소서-- 성령 의바람- 이땅가득불어 와

흰옷입-온주의 순결한백성 주의 영광위해이제일어 나

열방을-치유하 며행건하는 영 광 의그날을주-소 서

Copyright (C) 고형원 . Used by Permission.

두세 번 반복하여 찬양한 후, 인도자가 기도한다. 이때 그동안 성령님의 임재에 무관심하였음을, 성령님과의 교통에 적극적이지 못했음을 회개한다. 그리고 앞으로의 믿음 생활 속에서 언제나 성령님께서 나와 함께 동행하시고 나를 돌보시는 분이심을 인정하고, 연약하여 넘어질 때마다 다시 일어설 수 있도록 격려해 주시는 분이심에 감사한다.

## 새길말씀 외우기

소망이 우리를 부끄럽게 하지 아니함은 우리에게 주신 성령으로 말미암아 하나님의 사랑이 우리 마음에 부은 바 됨이니 (롬 5:5)

## 다함께 드리는 기도

1. 오늘 배운 말씀과 내용을 생각하며 다함께 기도하는 시간을 갖도록 합시다.
2. 오늘 참석한 구성원들을 위해서 이름을 불러 가며 중보의 기도를 합시다.
3. 오늘 참석하지 못한 구성원이 있으면 그 사람을 위해 더욱 뜨거운 마음으로 기도합시다.
4. 한 주간의 삶을 통해서 오늘 배우고 익힌 내용들을 삶으로 살아갈 수 있도록 기도합시다.
5. 하나님의 은혜 가운데서 한 주를 살고, 다음 모임 시간에 모두가 모일 수 있도록 기도합시다.

\*사역자로서 이 과를 마치고 난 느낌이나 소감, 다짐 등을 간단하게 말해 봅시다.

## 다음 모임을 위하여

1. 다음 주에 읽어야 할 성경말씀을 읽고 확인합시다.
2. 28과의 배울말씀인 빌립보서 2장 1-11절을 읽고 묵상합시다.

평신도제자훈련교재
# 평가하기

| 평가항목 | 세부사항 | 그렇다 | 그저 그렇다 | 아니다 |
|---|---|---|---|---|
| 인도자의 준비도 | 인도자는 본 과의 교육목적을 이룰 수 있도록 충분하게 준비했습니까? | | | |
| 교육목표의 성취도 | 1. 학습자들은 자신의 잘못된 선입견과 고정관념을 버리고 순수한 마음으로 주님을 만날 준비가 되었습니까?<br>2. 학습자들이 예수에 대하여 지식적으로 아는(know) 단계에서 체험적으로 아는(see) 단계로 발전하고자 결단하게 되었습니까? | | | |
| 학습자의 참여도 | 학습자들이 진지하고 적극적인 태도로 성경공부에 임했습니까? | | | |
| 성경공부의 분위기 | 성경공부를 하는 동안 학습자들이 편안한 분위기를 느낄 수 있었습니까? | | | |
| 기타 보완할 점 | 기타 보완할 점이나 건의사항이 있습니까? | | | |

## 성경 읽기표

| 읽을 범위 | | 월 일<br>주일 | 월 일<br>월요일 | 월 일<br>화요일 | 월 일<br>수요일 | 월 일<br>목요일 | 월 일<br>금요일 | 월 일<br>토요일 |
|---|---|---|---|---|---|---|---|---|
| | 구약 | 주일은 설교말씀 묵상 | 시 88~90편 | 시 91~93편 | 시 94~96편 | 시 97~99편 | 시 100~102편 | 시 103~105편 |
| | 신약 | | 빌 2장 | 빌 3장 | 빌 4장 | 골 1장 | 골 2장 | 골 3장 |
| 확인 | | | | | | | | |

# MEMO

# 28 사역자는 겸손합니다

**배울말씀** 빌립보서 2장 1~11절

**도울말씀** 시편 147:6; 149:4, 잠 8:13; 11:2; 15:33; 16:18; 29:23, 미 6:8, 습 2:3,
마 11:29, 벧전 5:5, 대하 26:16, 사 2:12, 렘 13:9, 욥 1:3, 고전 13:4, 약 4:6

**새길말씀** 그러나 더욱 큰 은혜를 주시나니 그러므로 일렀으되 하나님이 교만한 자를 물리치시고
겸손한 자에게 은혜를 주신다 하였느니라 (약 4:6)

## 이룰 목표

① 겸손의 의미를 안다.

② 하나님께서 겸손한 자들에게 주시는 은혜를 깨닫는다.

③ 모든 상황에서 겸손의 모범을 실천한다.

## 교육흐름표

| 15 min | 5 min | 15 min | 20 min | 5 min |
|:---:|:---:|:---:|:---:|:---:|
| O.T. | 관심 | 탐구 | 관점 | 실천 |

## 교육진행표

| 구분 | 오리엔테이션 | 관심갖기 | 탐구하기 | 관점바꾸기 | 실천하기 |
|---|---|---|---|---|---|
| 제목 | | 사람에 따라 다른 나 | 겸손의 모범 | 찾아보아요! | 노랑고무줄을 튕겨요! |
| 내용 | 환영 및 개요 설명 | 사람의 우열 | 겸손의 힘 | 겸손의 의미 | 겸손의 실천 |
| 방법 | 강의 | 생각 나누기 | 성경 찾아 답하기 | 성경 찾아 답하기 | 활동하기 |
| 준비물 | 출석부 | | 성경책 | 성경책 | 노랑고무줄 |
| 시간(60분) | 15분 | 5분 | 15분 | 20분 | 5분 |

성경에 사용된 특정 '단어'의 의미를 좀더 정확하게 파악하려면, 우선 국어사전을 통해 그 단어의 사전적 의미가 무엇인지 확인하는 작업이 필요하지만, 더 나아가서 그 단어의 원어를 찾아보고 그 원어 속에 담긴 의미와 함께 성서 전체에서 어떤 다른 용례를 가지고 있는지를 전반적으로 살펴볼 필요가 있다. 본 과는 사역자의 '겸손'에 대해서 살펴보고자 한다. 평신도 지도자에게 반드시 필요한 덕목인 겸손은 그 의미를 아는 데 그치는 것이 아니라, 구체적으로 삶 속에서 행할 때 참 가치가 드러난다.

국어사전에서는 '겸손'(謙遜)을 '남을 존중하고 자기를 내세우지 않는 태도가 있는 것'으로 정의하고 있지만, 성경에서는 그 의미를 사전처럼 기술하고 있는 것이 아니기 때문에 단순히 파악하기가 쉽지 않다. '겸손' 혹은 '겸손한' 이라는 명사형과 형용사형으로 사용된 용례를 원어를 통해 살펴보면, 구약성경에서는 '괴롭게 하다', '낮아지게 하다'는 뜻의 히브리어 어근 '아나'에서 파생한 명사로서의 '겸손'을 뜻하는 '아나봐'와, '낮추다', '억누르다', '겸손하게 하다'는 뜻의 어근, '카나'의 명사형으로 '겸손' 또는 '겸비'라는 의미로 쓰이고 있다. 신약성경에서는 헬라어 '타페이노프로슈네'로 사용되는데, 그 의미는 '낮은 지위의', '천한'이라는 뜻의 '타페이노스'와 '생각', '마음', 그리고 '이해'를 뜻하는 '프렌'의 합성어로서 마음이나 생각 등이 낮아지는 것을 의미한다. 이런 의미에서 볼 때, 겸손이라는 의미는 거만, 교만, 오만, 또는 자고(自高)의 반대개념으로서, '그 마음이나 생각이 낮아지는 것'을 의미한다고 볼 수 있다. 이러한 의미는 성경 전반에서 신자가 가져야 할 기본적인 덕목으로 강조되는데(욥 22:29, 시 147:6, 잠 3:34; 22:4, 골 3:12, 약 4:6, 벧전 5:5,6), 이는 성경 본문(text)의 맥락에 따라 다양하게 적용 및 해석될 수 있다. 예를 들어, 하나님께서는 겸손한 자의 소원을 들으시고(시 10:17), 그(겸손한 자)를 붙드시며(시 147:6), 그(겸손한 자)에게 은혜를 베푸시고(잠 3:34, 약 4:6), 그(겸손한 자)에게 지혜가 있으며(잠 11:2), 존귀의 길잡이가 된다(잠 18:12). 겸손한 자에게는 여호와로 말미암아 기쁨이 더한다(사 29:19). 이스라엘 백성은 겸손하지 않다 하여 꾸짖으셨고(렘 44:10), 무엇보다 예수님께서는 자신의 마음을 가리켜 겸손하다고 하셨다(마 11:29). 이와 같이 다양하게 해석되고 적용되는 '겸손'의 의미는 말씀에 의하면, 하나님 앞에서 자기의 죄를 자각하여 자긍(自矜)하는 마음을 버리고 낮은 데 처하는 마음가짐이며(대하 33:12; 34:27 기타), 또한 자신은 하나님의 말씀과 그 뜻에 언제나 순응하는 존재라기보다 오히려 연약함으로 인해 말씀대로 살지 못하는 존재로서 도저히 하나님을 기쁘시게 할 수 없는 자임 아는 태도라 할 수 있다. 그러므로 반역자로서의 책임을 통감하고, 두려운 마음으로 하나님의 긍휼을 구하는 일, 이것이 겸손이고, 참된 신앙은 이러한 마음을 가지는 것이라 할 수 있다.

　　교회에서 리더(leader), 즉 지도자로 세워지면 그에 상응하는 책임도 동반된다. 믿음의 길을 함께 가고자 하는 무리들 속에서 지도자의 역할은 목회자를 도와 우리 주 예수 그리스도께서 제자를 삼으라는 뜻을 받들고 섬기라고 맡겨준 이들을 주님께 충성하도록 격려하고 돕는 것이다. 바울은 빌립보교회에 편지하면서 빌립보교회에 성숙한 그리스도인들의 삶의 태도인 내가 남보다 '낮다'(lower)는 의식을 가지라고 권면한다. 이는 굴복이나 항복이 아니라 바로 예수 그리스도께서 보이신 모범을 따르는 것으로, 예수 그리스도의 마음을 삶 속에서 실천하는 것이다. 바로 이것이 평신도 지도자들이 갖추어야 할 필수 덕목이다. 그렇게 삶 속에서 겸손을 실천할 때, 하나님께서 그 겸손을 기억하셔서 하나님의 영광을 위해 그 겸손을 사용하심으로 겸손히 행한 자를 높이신다.

다음 글을 읽고 주어진 질문에 답해 봅시다.

> 우리는 모든 사람에게 겸손한 것이 아니다. 어떤 이에게는 뭔지 모르게 눌
> 릴 때가 있다. 나보다 지위가 높다든지, 권위가 있다든지, 카리스마가 있다
> 든지, 하여간 무슨 까닭인지 모르지만 절로 겸손해지는 대상이 있다. 또 진
> 정으로 사랑하는 이에게도 겸손해진다. 그 앞에 서기만 하면 한없이 작아지
> 는 느낌이다. 그런가 하면 또 어떤 이에게는 교만스럽게 군다. 나도 모르게
> 얕잡아보는 이웃이 있기 마련이다. 내 밑에 있는 부하라든지, 심지어 아내
> 나 자녀들에게 우월감을 가지고 함부로 대할 때가 있다. 겸손이라는 라틴
> 어, 'Humilitas'는 어원적으로 '땅' 혹은 '흙'으로부터 왔다. 땅은 누구나 다
> 밟고 다닌다. 그만큼 낮고 천하다. 배설물이나 쓰레기를 비롯한 모든 더러
> 운 것을 있는 그대로 품는다. 땅에는 결코 차별이 없다. 겸손한 사람 역시
> 성이나 지위, 빈부, 인종 등을 따지지 않고 있는 그대로 받아들인다.

우리는 만나는 대상에 따라 태도를 달리할 때가 있습니다. 여러분은 누구를 만날
때 교만한 마음이 생기고 거만스럽게 구는 것 같은가요? 혹은 누구를 만날 때 작
아지고 저자세가 되나요? 그리고 왜 그런지 서로 이야기해 봅시다.

각자의 생각을 들어본다. 일반적으로 사람들은 보여지는 것들, 이를 테면 명성, 학
력, 부, 건강, 지위, 사는 지역, 주거형태, 직업 등에 따라 상대를 대하는 태도를 달
리하게 된다. 그러나 우리 모두는 하나님의 형상으로 지으심을 받은 평등한 존재이
므로 각 개인이 가지고 있는 외형적인 조건들에 의해 우열로 평가되어서는 안된다.

배울말씀인 빌립보서 2장 1~11절을 읽고 주어진 질문에 답해 봅시다.

1. 바울은 빌립보교회 교인들에게 믿는 자로서 가져야 할 삶의 태도에 대해서 가
   르쳐주고 있습니다. 1~3절을 읽고 그 삶의 태도를 어떤 모습으로 나타내야 하
   는 지를 찾아 빈칸에 써보고 이야기해 봅시다.

   타인을 향한 삶의 태도들

   > . 권면, ( 위로 ), ( 교제 ), ( 긍휼 ), ( 자비 )

   어떤 방식으로 행동해야 할까요?

   > ( 마음 )을 같이하여 같은 ( 사랑 )을 가지고 ( 뜻 )을 합하여 ( 한마음 )을 품어
   > 아무 일에든지 ( 다툼 )이나 ( 허영 )으로 하지 말고 오직 ( 겸손 )한 마음으로
   > 각각 자기보다 ( 남 )을 낮게 여기고

오늘날 믿는 자들에게 요청되는 덕목들은 함께 신앙생활을 하고 있는 지체들에게
어떻게 대해야 하는가와 연관이 있다. 바울은 빌립보교회에 편지하면서 믿는 자
들의 관계 속에서 권면해야 할 말이 있고 위로해야 할 상황이 있다는 것, 긍휼과
자비를 베풀어야 한다든지, 혹은 서로 교제하는 경우에 그들과 마음을 같이할 수
있어야 하고, 사랑과 뜻을 모아 경쟁이나 다툼, 혹은 가식이나 허영이 아닌 내가
상대보다 '낮은 이'라는 의식을 가져야 한다고 가르친다. 내가 남보다 '낮은 이'라는

의식이 있어야 타인을 공경할 수 있고, 진정으로 섬길 수 있으며, 교만한 마음이 들지 않을 것이다. 이러한 덕목은 평신도 지도자로 훈련받는 자들도 듣고 새겨야 할 삶의 자세들이다.

2. 남보다 자기를 '낮게' 여기는 태도와 관련하여 바울은 한 모범을 보여줍니다. 그것은 예수 그리스도께서 몸소 보이신 겸손의 자세였습니다. 예수님께서 어떻게 겸손의 삶을 보이셨는지 5-8절을 읽고 아래 빈칸을 채워봅시다.

| 누가? | 예수 그리스도 |
|---|---|
| 어떻게? | 하나님과 ( 동등됨 )을 취할 것으로 여기지 아니하시고 |
| | 오히려 자기를 비워 ( 종 )의 형체를 가지사 |
| | ( 사람들 )과 같이 되셨고 |
| | 자기를 ( 낮추시고 ) 죽기까지 복종하셨으니 곧 십자가에 ( 죽으심 )이라 |

믿는 자들은 상대를 대할 때 권면이나 위로, 교제나 긍휼, 그리고 자비로서 대하고 남보다 내가 더 '낮다'는 마음가짐과 태도로 사랑을 가지고 진실하게 행해야 한다. 예수님께서 이러한 모범을 친히 보이셨다. 그것은 하나님이신 당신께서 사람의 형상을 가지고 이 땅에 임하셨을 뿐만 아니라 죽기까지 자신을 희생하심으로 한 영혼이 천하보다 귀하다는 것을 사랑과 긍휼의 증표로 보이셨기 때문이다. 예수님께서 보이신 '겸손'의 모범은 믿는 자들이 이 땅에서 어떠한 삶을 살아야 하는지를 보여주셨다. 그리고 무엇보다 평신도 지도자로 훈련받는 이들은 예수님의 삶의 태도를 배울 수 있어야 한다.

3. 베드로전서 5장 6절을 보면 "그러므로 하나님의 능하신 손 아래에서 겸손하라 때가 되면 너희를 높이시리라."라고 말씀하셨습니다. 하나님께서는 이처럼 낮아지시면서 보이신 예수님의 겸손을 어떻게 높이셨는지 9–11절 말씀을 읽고 이야기해 봅시다.

하나님께서는 예수님을 지극히 높이셨다. 그래서 모든 이름 위에 뛰어난 이름이 되게 하셨다. 하늘에 있는 자들과 땅에 있는 자들과 땅 아래에 있는 자들로, 즉 온 세상의 모든 존재들로 하여금 예수 그리스도의 이름에 굴복하게 하셨다. 낮아지셨지만 오히려 예수 그리스도를 높이심으로 예수 그리스도를 주라 시인하도록 하셨으며 그로 인해 하나님 아버지께 영광을 돌리게 하셨다. 믿는 자의 겸손은 세상에 대한 굴복도, 세상 사람들에 대한 항복도 아니다. 그것은 예수 그리스도께서 품으셨던 '마음'이다. 겸손은 예수 그리스도의 마음이다. 믿는 자들, 특히 교회 안에서 지도자로 세워져야 할 이들은 이 예수 그리스도의 마음을 품을 수 있어야 한다.

평신도 제자 훈련 교재
관점바꾸기                                    찾아보아요!

아래 그림에서 〈예〉에 나와 있는 것처럼 겸손과 '관련 있는 말'과 '반대말'을 성경 구절 속에서 찾아 밑줄 친 부분에 써 봅시다.

성경에 나오는 겸손의 의미는 다양하게 설명될 수 있다. 통곡(대하 34:27), 구원 (욥 22:29), 붙드심(시 147:6), 지혜(잠 11:2), 존귀의 길잡이(잠 15:33), 사랑 받는 자(골 3:12), 기쁨(사 29:19), 소생(사 57:15), 선한 것(미 6:8), 낮추는 것(잠 16:19) 이 관련있는 말이고, 범죄(대하 33:23), 악(대하 36:12), 거만(잠 6:3), 교만(잠 11:2), 멸망의 선봉(잠 18:12)의 반대적인 의미의 말이다. 겸손하고자 하는 사역자는 관 련 있는 말들을 참고하여 삶 속에 겸손을 적용할 수 있어야 한다.

한 주간 동안 노랑고무줄을 손목에 차고 지내면서 겸손하지 못했다고 생각되는 순간, 스스로 노랑고무줄을 튕겨봅시다. 그리고 아래 표에 보고서를 써 봅시다.

| 고무줄 튕긴 회수 | 언제 | 어떤 상황에서 |
|---|---|---|
| 1 | 친구를 만나서 | 자녀가 없는 친구 앞에서 자식 자랑을 했다. |
| 2 | | |
| 3 | | |
| 4 | | |
| 5 | | |
| 6 | | |
| 7 | | |

우리는 살아가면서 '아, 내가 겸손하지 못했어.' 하고 깨닫게 되는 순간이 있다. 일주일 동안 손목에 노랑고무줄을 차고 다니다가 스스로 겸손하지 못한 말이나 행동을 한 경우에 작은 경종을 울리는 차원에서 따끔할 정도로 고무줄을 튕겨보자. 그리고 어떤 경우에 고무줄을 튕겼는지, 몇 번이나 튕겼는지를 적어보자. 시간이 지날수록 고무줄을 튕기는 횟수가 줄어든다면 생활 속에서 변화가 시작되고 있다는 것이다.

## 새길말씀 외우기

그러나 더욱 큰 은혜를 주시나니 그러므로 일렀으되 하나님이 교만한 자를 물리치시고 겸손한 자에게 은혜를 주신다 하였느니라 (약 4:6)

## 다함께 드리는 기도

1. 오늘 배운 말씀과 내용을 생각하며 다함께 기도하는 시간을 갖도록 합시다.
2. 오늘 참석한 구성원들을 위해서 이름을 불러 가며 중보의 기도를 합시다.
3. 오늘 참석하지 못한 구성원이 있으면 그 사람을 위해 더욱 뜨거운 마음으로 기도합시다.
4. 한 주간의 삶을 통해서 오늘 배우고 익힌 내용들을 삶으로 살아갈 수 있도록 기도합시다.
5. 하나님의 은혜 가운데서 한 주를 살고, 다음 모임 시간에 모두가 모일 수 있도록 기도합시다.

＊사역자로서 이 과를 마치고 난 느낌이나 소감, 다짐 등을 간단하게 말해 봅시다.

## 다음 모임을 위하여

1. 다음 주에 읽어야 할 성경말씀을 읽고 확인합시다.
2. 29과의 배울말씀인 골로새서 3장 1–17절을 읽고 묵상합시다.

| 평가항목 | 세부사항 | 그렇다 | 그저 그렇다 | 아니다 |
|---|---|---|---|---|
| 인도자의 준비도 | 인도자는 본 과의 교육목적을 이룰 수 있도록 충분하게 준비했습니까? | | | |
| 교육목표의 성취도 | 1. 학습자들은 자신의 잘못된 선입견과 고정관념을 버리고 순수한 마음으로 주님을 만날 준비가 되었습니까?<br>2. 학습자들이 예수에 대하여 지식적으로 아는(know) 단계에서 체험적으로 아는(see) 단계로 발전하고자 결단하게 되었습니까? | | | |
| 학습자의 참여도 | 학습자들이 진지하고 적극적인 태도로 성경공부에 임했습니까? | | | |
| 성경공부의 분위기 | 성경공부를 하는 동안 학습자들이 편안한 분위기를 느낄 수 있었습니까? | | | |
| 기타 보완할 점 | 기타 보완할 점이나 건의사항이 있습니까? | | | |

## 성경 읽기표

| 읽을 범위 | | 월 일<br>주일 | 월 일<br>월요일 | 월 일<br>화요일 | 월 일<br>수요일 | 월 일<br>목요일 | 월 일<br>금요일 | 월 일<br>토요일 |
|---|---|---|---|---|---|---|---|---|
| | 구약 | 주일은<br>설교말씀<br>묵상 | 시<br>124~126편 | 시<br>127~129편 | 시<br>130~132편 | 시<br>133~135편 | 시<br>136~138편 | 시<br>139~141편 |
| | 신약 | | 엡 3장 | 엡 4장 | 엡 5장 | 엡 6장 | 빌 1장 | 빌 2장 |
| 확인 | | | | | | | | |

# *MEMO*

# 8단원
# 사역자는 균형 있는 교회생활을 합니다

## 단원 설명

    8단원은 사역자의 모범으로써 교회생활에 균형이 있어야 함을 다룬다. 이 균형은 하나님 앞에서 우리 모두가 귀한 존재로서 동등하다는 것을 아는 것에서 시작된다. 그것은 그리스도의 몸인 교회를 이루고 있는 성도들은 남성이든, 여성이든, 유아이든, 연로하든, 다른 지역 출신이든, 나와 다른 언어를 사용하든, 피부색이 다르든, 지위고하를 막론하고 모두가 하나님의 자녀요, 하나님의 백성이기 때문이다. 그러므로 사역자는 공동체를 이루는 모든 이들을 대할 때, 선입견이나 편견을 버려야 한다. 그리스도의 몸을 이루고 있는 모든 믿는 자들은 단절되어 있지 않고 모두가 연결되어 있다. 이를 '관계'로 설명할 수 있다. 모든 생명체는 관계 속에 존재하기 마련이다. 하나님께서도 삼위일체의 관계 속에서 존재하신다. 이는 우리의 모습이 신앙 안에서 관계 속에 거해야 한다는 것을 친히 모범으로 보이시는 것으로 볼 수 있다. 세 겹줄이 쉽게 끊어지지 않는 것처럼(전 4:12), 사역자는 함께 신앙생활을 하고 있는 이들과 관계 속에서 서로를 돌보고, 그러한 관계 속에서 맡겨진 사명을 감당해야 한다.

주의 몸된 공동체를 이루고 있는 교인들이 모두가 동등하게 관계 속에서 더불어 믿음생활을 하고 맡겨진 사명을 충실하게 수행하기 위해서 사역자들에게 필요한 마음이 있다면 바로 '열린 마음'일 것이다. 누구든지 부르신 주님처럼 사역자는 주님의 긍휼과 수용의 마음을 따라 그 마음이 열려있어야 한다. 주님께 나아오는 자에게 그 어떤 제한도 있을 수 없다. 그러기에 사역자는 자신을 받아주신 그리스도의 사랑을 가지고 누구든지 환대할 수 있는 열린 마음을 가져야 한다. 이렇게 균형 있는 사역자란 모든 이들이 동등하다는 인식과 열린 마음을 가지고 교회를 구성하고 있는 이들을 관계 속에서 구체적으로 돌보는 사역자다.

# 우리는 주 안에서 동등합니다

**배울말씀**  골로새서 3장 1-17절

**도울말씀**  출 23:6, 레 19:36, 신 1:17, 시 67:4, 욥 3:19, 사 10:2, 롬 2:11, 고전 12:13, 갈 3:28, 6:15, 엡 2:14-18, 골 4:1, 히 1:8, 약 2:1-9

**새길말씀**  너희는 유대인이나 헬라인이나 종이나 자유인이나 남자나 여자나 다 그리스도 예수 안에서 하나이니라 (갈 3:28)


**이룰 목표**

① 그리스도인들 모두가 주 안에서 동등함을 안다.

② 그리스도인들은 하나님의 자녀가 됨으로써 동등해짐을 깨닫는다.

③ 예수 그리스도 안에서 동등한 태도로 그 사역을 실천한다.


**교육흐름표**

| O.T. | 관심 | 탐구 | 관점 | 실천 |
| 15 min | 10 min | 15 min | 15 min | 10 min |


**교육진행표**

| 구분 | 오리엔테이션 | 관심갖기 | 탐구하기 | 관점바꾸기 | 실천하기 |
|---|---|---|---|---|---|
| 제목 | | 슈퍼맨의 귀환! | 위의 것을 찾으라! | 내려놓음 | 주 안에서 동등한 우리! |
| 내용 | 환영 및 단원 개요 설명 | 존엄한 인간 | 동등됨 | 동등하게 하시는 예수 그리스도 | 존중하기 |
| 방법 | 강의 | 생각 나누기 | 성경 찾아 답하기 | 성경 찾기 및 찬양하기 | 성찰하기 |
| 준비물 | 출석부 | | 성경책 | | |
| 시간(65분) | 15분 | 10분 | 15분 | 15분 | 10분 |

교회는 신앙공동체로서, 다양한 사람들로 구성된다. 남성, 여성, 유아에서부터 노년에 이르기까지, 그들은 다양한 언어를 사용할 수 있으며, 피부색이 다를 수 있으며, 사회적 지위가 차이가 날 수 있으며, 각기 다른 지역의 출신들일 수도 있으며, 이와 같이 각자의 자라 온 환경과 정체성이 다름에 따라 다양한 개성을 띨 수 있다. 그렇게 다양한 사람들이 예수 그리스도에 대한 믿음으로 모인 공동체가 바로 교회다. 나아가 그러한 환경 속에서 저마다 창조주 하나님에 대한 믿음과 그리스도와 그의 화해의 사역에 대한 신뢰, 그리고 성령의 변화시키시는 능력을 체험하며, 또 서로 서로가 예수 그리스도의 몸으로서의 교회를 이루는 지체로서 연결되어 하나의 공동체를 이루고 있음을 알게 된다. 물론 다양한 사람들로 구성되어 있다는 것은 교회 안에 다양한 의견과 견해차가 발생할 수 있다는 것을 의미하기도 한다. 그럼에도 불구하고 사역자들이 잊지 말아야 할 것이 있다면 바로 그리스도 예수 안에서 새롭게 태어난 이들은 저마다의 '차이'에도 불구하고 모두가 동등하다는 것이다.

예수를 그리스도라고 고백하는 이들은 자신의 옛사람은 예수와 함께 죽었고(롬 6:6, 갈 2:20), 이제부터는 예수와 함께 다시 살아 새사람으로 살아가겠다고 다짐하는 사람들이다(갈 2:20). 그러므로 과거와는 다른 새로운 삶, 새로운 삶의 방식으로 살아야 한다. 새로운 삶과 삶의 방식이란 하늘에 속한 것을 생각하고, 땅의 것에 마음을 두지 않으며, 그리스도인으로서의 미덕을 실천하며 사는 것을 말한다. 이를테면, 세상이라는 공간에서는 많이 가진 자가, 명예와 지위가 높은 자가, 나이가 많은 자가, 혹은 남성이 더 많은 권위와 영향력을 가질 수 있겠지만, 하나님의 나라는 세상의 가치와 논리가 무력해지는 공간이기에 세상의 우열(優劣)이 아닌, 은혜로 새롭게 태어난 자로서의 동등함이 우선이다. 따라서 예수 그리스도 안에 있는 자들은 모두가 동등하며, 단지 다양한 개성에 따라 그 역할이 다를 뿐이다.

기독교 신론의 특징인 하나님의 삼위일체 즉 성부, 성자, 성령 세 분이 신이시며 본질적으로 한 분이시라는 의미는 이 세 분의 본질과 모든 속성이 동등하다는 의미다. 성결교회는 교단헌법 제14조 1항에 "이 하나님 일체 안에 동일한 본질과 권능과 영생으로 되신 삼위가 있으시니, 곧 성부와 성자와 성령이시다."라고 고백한다. 하나님은 성부, 성자, 성령 삼위일체로 존재하시고 이 세 분은 본질과 모든 속성이 동일하신 분이시다. 이를 적절하게 표현한 개념으로서 '페리코레시스'(perichoresis)라는 말이 있는데, 이는 서로가 서로에 속하고, 서로 이동하며, 서로 관여하는 것을 말한다. 이 세 분 관계의 핵심은 '동등함'이다. 그런데 성부, 성자, 성령 하나님은 균형 있는 사역을 이루신다. 즉, 성부 하나님은 거룩한 분으로 우리에게 거룩한 하나님의 형상을 주신 분이시고, 성자 하나님은 죄인 된 우리가 거룩한 형상을 회복하도록 대속을 위해 성육신한 분이시며, 성령 하나님은 우리가 거룩한 하나님의 형상의 삶을 살도록 힘주시고 성화시키시는 분으로 우리를 성령 충만한 삶, 그리고 기독교인의 완전한 삶으로 이끄시는 분이시다. 하나님께서는 이러한 하나님의 성질인 '동등함'을 우리의 모습 속에서도 허락하신다. 즉, 그리스도 안에서 새롭게 태어난 우리의 관계가 바로 그것이다. 나와 너, 우리는 모두가 예수 그리스도의 보혈의 은혜 안에서 동등하다.

무엇보다 성자 예수 그리스도를 나의 구원자로 받아들이는 이들은 요한복음 1장 12-13절에서 "영접하는 자 곧 그 이름을 믿는 자들에게는 하나님의 자녀가 되는 권세를 주셨으니 이는 혈통으로나 육정으로나 사람의 뜻으로 나지 아니하고 오직 하나님께로부터 난 자들이니라."라고 말씀하신 것에서 알 수 있듯이, 하나님의 자녀가 되는 권세를 갖게 된다. 이는 빈부귀천, 그리고 남녀노소를 막론하고 하나님 앞에서 동등한 존재로서의 가치가 있음을 말한다. 다시 말해 예수를 그리스도로 고백하는 이마다 하나님의 자녀로서 동등한 존재로 새롭게 태어나는 것이다. 하나님께서는 공평한 분이시다(사 5:16). 그러므로 우리로 하여금 공평을 지키며 의를 행하라고 말씀하신다(사 56:1). 하나님 앞에서는 유대인도 이방인도 주인도 종도 남자도 여자도 다 동등하다. 사역자로 훈련받고 있는 여러분들 또한 직분 여하를 막론하고 하나님 앞에서 모두가 동등하며, 앞으로 여러분이 만나게 될 이들 역시 여러분과 같이 동등한 존재라는 사실을 잊어서는 안 된다.

평신도 제자 훈련 교재
## 관심갖기                              슈퍼맨의 귀환!

다음 글을 읽고 주어진 질문에 답해 봅시다.

> 영원한 슈퍼맨 '크리스토퍼 리브'는 1980년대 어린이들의 영웅이었다. 하지만 갑작스런 낙마 사고로 경추가 상하여 전신마비 장애인이 되었고 견디기 힘든 고통에 차라리 산소호흡기를 떼 달라고 의사표시를 했다. 이 소식을 전해들은 아내 데이나가 전신이 마비된 남편의 뺨을 두 손으로 만지며 말했다. "아직도 당신이에요. 두뇌가 살아있는 한 당신은 아직도 그대로 당신이니, 제발 살아만 주세요." 이 한마디 말에 희망과 용기를 얻은 크리스토퍼 리브는 끊임없는 재활운동을 통해 많은 이들에게 감동을 선사하며 몸이 불편한 자들을 위한 사회운동가로 이후의 삶을 살았다. 영화 속 슈퍼맨이 진정한 슈퍼맨이 될 수 있었던 것은 바로 사랑하는 아내 데이나의 말 한마디로부터 시작된 것이다.                    〈2011. 10. 10 국민일보〉

1. 위의 기사를 읽고 다음의 내용에 대해 생각해보고 이야기해 봅시다.

- 나는 내 주위에 있는 사람들을 외모와 상관없이 항상 같은 마음으로 대하는가?
- 내가 만나는 사람을 있는 모습 그대로 사랑하고 존중해 본 경험이 있는가?
- 나 자신의 있는 모습 그대로 존중받지 못한 경험이 있는가?

각자의 생각을 나누어 본다.

우리는 일상 속에서 선입견으로 타인을 판단하여 그에 따라 언행을 달리하는 경우가 많다. 내가 만나게 되는 사람의 모습이 어떠하든지 그들은 모두 하나님께서 이 땅에 보내신 존재다. 이에 대해 야고보서가 확실한 대답을 준다. "내 형제들아 영광의 주 곧 우리 주 예수 그리스도에 대한 믿음을 너희가 가졌으니 사람을 차별하여 대하지 말라."(약 2:1)

평신도 제자 훈련 교재
**탐구하기**　　　　　　　　위의 것을 찾으라!

배울말씀인 골로새서 3장 1-17절을 읽고 주어진 질문에 답해 봅시다.

1. 그리스도와 함께 다시 살아난 백성들에게 '위의 것을 생각하고 땅의 것을 생각하지 말라.'는 명(命)이 내려집니다(1-2절). 이러한 삶의 모습은 구체적으로 어떤 모습인지 3-5절, 8-9절을 읽고 보기에서 알맞은 말을 찾아 칸을 채워 봅시다.

> "그러므로 땅에 있는 ( 지체 )를 죽이라 곧 ( 음란 )과 ( 부정 )과 ( 사욕 )과 악한 ( 정욕 )과 ( 탐심 )이니 탐심은 우상 숭배니라." (5절)
>
> "이제는 너희가 이 모든 것을 벗어 버리라 곧 ( 분함 )과 ( 노여움 )과 ( 악의 )와 ( 비방 )과 너희 입의 부끄러운 ( 말 )이라. 너희가 서로 ( 거짓말 )을 하지 말라." (8-9절)

> **보기**
>
> | 탐심 | 정욕 | 사욕 | 부정 | 음란 | 지체 |
> |------|------|------|------|------|------|
> | 거짓말 | 말 | 비방 | 악의 | 노여움 | 분함 |

그리스도인의 삶의 방식은 위의 것을 생각하고 그것을 추구하며 살아가는 것이다. 내 인생의 주인이 세상이요, 나 자신이었을 때는 세상의 가치와 나 자신의 욕심을 위해 살았지만, 예수 그리스도로 다시 살아난 백성이 된 우리는 비록 세상 속에서 살아가지만 과거와는 달리 이제는 신령한 것을 사모하며 하나님 나라의 가치로 살아가야 하는 것이다.

2. 그리스도 예수 안에서 새사람이 된 자들은 그 누구도 차별을 받아서는 안 됩니다. 그 이유가 무엇이라고 말씀하고 있는지 10-11절을 찾아 읽고 이야기해 봅시다.

새사람을 입은 자들은 자기를 창조하신 하나님의 형상을 따라 새롭게 되었기 때문이다. 그러므로 하나님의 백성은 헬라인이든 유대인이든 할례 받은 사람이든 무 할례자이든 야만인이든 당시 가장 천박한 족속으로 알려진 스구디아인이든 종이든 자유한 신분의 사람이든 그 어느 누구도 차별이 있을 수 없다는 것이다.

3. 그리스도인들은 외적인 모습과 환경 때문에 차별을 받을 수 없습니다. 하나님 앞에서는 모두가 하나같이 가치 있는 존재이기 때문입니다. 아래의 그림은 이제 그런 이들로 하여금 이 땅에서 어떠한 모습으로 살아가야 하는지를 순차적으로 알려주고 있습니다. 12-17절을 읽고 순서대로 찾아 써 봅시다.

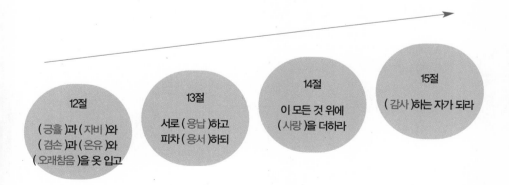

12절
( 긍휼 )과 ( 자비 )와
( 겸손 )과 ( 온유 )와
( 오래참음 )을 옷 입고

13절
서로 ( 용납 )하고
피차 ( 용서 )하되

14절
이 모든 것 위에
( 사랑 )을 더하라

15절
( 감사 )하는 자가 되라

위의 것을 바라보며 살아가는 그리스도인들은 세상의 가치가 아닌 하나님 나라의 가치로 사는 사람들이다. 세상은 외형적인 조건으로 사람을 판단하지만 그리스도인들은 하나님의 형상대로 지음 받은 모든 사람을 존엄한 존재요, 모두가 하나님 앞에 동등한 존재로 여기는 것이 마땅하다. 바로 그런 사람들은 이 땅에서 긍휼과 자비와 겸손과 온유와 오래 참음을 옷 입고, 서로 용납하여 피차 용서하되 주께서 우리를 용서하신 것 같이 그러하고, 이러한 모든 것 위에 더욱 사랑을 더하여야 한다. 그렇게 하는 것은 온전하게 하는 띠와 같기 때문이다. 그러므로 우리는 우리로 하여금 이러한 삶을 살게 된 것을 은혜로 여기며 더욱 감사하는 자가 되어야 할 것이다.

평신도제자훈련교재

**관점바꾸기**          **내려놓음**

예수님은 하나님이십니다. 그런데 자신을 비워 사람의 형체를 가지시고 이 땅에 오셔서 십자가에 죽으심으로 우리를 향한 극진한 사랑을 확인시켜 주셨습니다. 아래의 말씀을 꼼꼼히 읽어보고 다음의 질문에 대해 답해 봅시다.

---

빌립보서 2:5-8

5 너희 안에 이 마음을 품으라 곧 그리스도 예수의 마음이니
6 그는 근본 하나님의 본체시나 하나님과 동등됨을 취할 것으로 여기지 아니 하시고
7 오히려 자기를 비워 종의 형체를 가지사 사람들과 같이 되셨고
8 사람의 모양으로 나타나사 자기를 낮추시고 죽기까지 복종하셨으니 곧 십자가에 죽으심이라

---

1. 예수님께서는 '나'의 동등됨을 위해 하나님 앞에서 어떤 행동을 하셨습니까?

자신의 동등됨을 내려 놓으셨다. 우리의 동등됨을 위해 예수님께서 낮아지셨다. 우리는 하나님의 사랑과 예수 그리스도의 은혜와 희생으로 새사람이 되어 하나님 앞에서 하나같이 가치 있는 존재로 세워졌다. 그러므로 우리는 주 안에서 모두가 평등한 존재가 될 수 있는 것이다. 이 일은 신비다.

2. 아래의 찬송가를 가사를 생각하면서 여러 차례 불러보고 예수님께서 동등됨을 내려놓으시고 이 땅에 오셔서 십자가에 죽으신 일에 대해 느낀 대로 말해봅시다.

찬양의 가사를 여러 차례 음미해보고 함께 불러보면서 예수님의 낮아지심에 대한 의미를 생각해보도록 한다.

3. 예수님께서 자기를 낮추신 것은 바로 우리를 위한 결단이었습니다. 이에 우리의 삶은 어떠한 모습이어야 하는지 말해 봅시다.

여기 모인 모두가 이러한 하나님의 사랑과 은혜를 통해 믿는 자가 되었고, 하나님의 자녀가 되었다. 그런 의미에서 그리스도인들은 하나님 앞에서 모두가 동등하며 귀한 존재들이다. 예수님께서 그러하셨듯이 우리도 하나님 앞에서의 동등함을 내세우기보다 더 낮은 자세로 남을 섬기고, 하나님 앞에서 내가 소중하듯 남도 소중히 여길 수 있어야 한다.

### 실천하기
평신도 제자 훈련 교재

**주 안에서 동등한 우리!**

우리 모두는 하나님 앞에서 하나같이 동등한 존재이며 평등한 가치를 가지는 사람들입니다. 평소 우리 스스로의 태도, 즉 듣기, 말하기, 행동하기가 어떠했었는지를 스스로 평가해보고(좋음:○, 보통:△, 나쁨:×) 달라져야 할 모습이 있다면 아래 표의 '도전'칸에 써보고 한 주간 동안 실천해 봅시다.

|  | 나보다 많은 나이 | 나와 같은 나이 | 나보다 어린 나이 |
|---|---|---|---|
| **듣기** | 평소 나보다 연장자인 신자들에게 듣는 태도는 어떠했는가? (좋음:○, 보통:△, 나쁨:×) | 평소 나와 같은 연령의 신자들에게 듣는 태도는 어떠했는가? (좋음:○, 보통:△, 나쁨:×) | 평소 나보다 어린 신자들에게 듣는 태도는 어떠했는가? (좋음:○, 보통:△, 나쁨:×) |
| | 도전: | 도전: | 도전: |
| **말하기** | 평소 나보다 연장자인 신자들에게 말하는 태도는 어떠했는가? (좋음:○, 보통:△, 나쁨:×) | 평소 나와 같은 연령의 신자들에게 말하는 태도는 어떠했는가? (좋음:○, 보통:△, 나쁨:×) | 평소 나보다 어린 신자들에게 말하는 태도는 어떠했는가? (좋음:○, 보통:△, 나쁨:×) |
| | 도전: | 도전: | 도전: |
| **행동하기** | 평소 나보다 연장자인 신자들에게 행동하는 태도는 어떠했는가? (좋음:○, 보통:△, 나쁨:×) | 평소 나와 같은 연령의 신자들에게 행동하는 태도는 어떠했는가? (좋음:○, 보통:△, 나쁨:×) | 평소 나보다 어린 신자들에게 행동하는 태도는 어떠했는가? (좋음:○, 보통:△, 나쁨:×) |
| | 도전: | 도전: | 도전: |

일반적으로 상대의 연령에 따라 우리가 그를 대하는 태도가 다르다. 그리스도인은 연소하다하여 함부로 대하거나, 연로하다 하여 무시하는 행동을 지양해야 한다. 연소하여도, 연로하여도 모두가 하나님 앞에 동등하며 귀한 존재들이기 때문에 듣고 말하는 태도나 그들을 대하는 태도에 있어서 존중하는 자세로 대함이 마땅하다.

## 새길말씀 외우기

너희는 유대인이나 헬라인이나 종이나 자유인이나 남자나 여자나 다 그리스도 예수 안에서 하나이니라 (갈 3:28)

## 다함께 드리는 기도

1. 오늘 배운 말씀과 내용을 생각하며 다함께 기도하는 시간을 갖도록 합시다.
2. 오늘 참석한 구성원들을 위해서 이름을 불러 가며 중보의 기도를 합시다.
3. 오늘 참석하지 못한 구성원이 있으면 그 사람을 위해 더욱 뜨거운 마음으로 기도합시다.
4. 한 주간의 삶을 통해서 오늘 배우고 익힌 내용들을 삶으로 살아갈 수 있도록 기도합시다.
5. 하나님의 은혜 가운데서 한 주를 살고, 다음 모임 시간에 모두가 모일 수 있도록 기도합시다.

＊사역자로서 이 과를 마치고 난 느낌이나 소감, 다짐 등을 간단하게 말해 봅시다.

## 다음 모임을 위하여

1. 다음 주에 읽어야 할 성경말씀을 읽고 확인합시다.
2. 30과의 배울말씀인 에베소서 2장 11-22절을 읽고 묵상합시다.

평신도제자훈련교재
## 평가하기

| 평가항목 | 세부사항 | 그렇다 | 그저 그렇다 | 아니다 |
|---|---|---|---|---|
| 인도자의 준비도 | 인도자는 본 과의 교육목적을 이룰 수 있도록 충분하게 준비했습니까? | | | |
| 교육목표의 성취도 | 1. 학습자들은 자신의 잘못된 선입견과 고정관념을 버리고 순수한 마음으로 주님을 만날 준비가 되었습니까?<br>2. 학습자들이 예수에 대하여 지식적으로 아는(know) 단계에서 체험적으로 아는(see) 단계로 발전하고자 결단하게 되었습니까? | | | |
| 학습자의 참여도 | 학습자들이 진지하고 적극적인 태도로 성경공부에 임했습니까? | | | |
| 성경공부의 분위기 | 성경공부를 하는 동안 학습자들이 편안한 분위기를 느낄 수 있었습니까? | | | |
| 기타 보완할 점 | 기타 보완할 점이나 건의사항이 있습니까? | | | |

## 성경 읽기표

| 읽을 범위 | | 월 일 주일 | 월 일 월요일 | 월 일 화요일 | 월 일 수요일 | 월 일 목요일 | 월 일 금요일 | 월 일 토요일 |
|---|---|---|---|---|---|---|---|---|
| | 구약 | 주일은 설교말씀 묵상 | 시 142~144편 | 시 145~147편 | 시 148~150편 | 잠 1~3장 | 잠 4~6장 | 잠 7~9장 |
| | 신약 | | 빌 3장 | 빌 4장 | 골 1장 | 골 2장 | 골 3장 | 골 4장 |
| 확인 | | | | | | | | |

# 30

평신도 제자훈련교재

# 사역자는
# 관계를 소중히 여깁니다

**배울말씀** 에베소서 2장 11~22절

**도울말씀** 창 1:26, 전 4:12, 마 3:16~17; 5:23~24; 6:13~15; 28:19, 롬 8:28; 12:5, 고전 1:10, 고후 13:13, 약 4:11~12, 벧전 4:7~11, 몬 1:6, 요일 2:9~11

**새길말씀** 너희도 성령 안에서 하나님이 거하실 처소가 되기 위하여 그리스도 예수 안에서 함께 지어져 가느니라 (엡 2:22)

## 이룰 목표

① 관계의 의미와 그 소중함을 안다.

② 하나님께서는 관계 속에서 존재하시며 예수 그리스도께서 이 땅에 오신 것도 우리와의 관계를 위해 오셨음을 깨닫는다.

③ 관계를 세워가며 맡겨진 사명을 실천한다.

## 교육흐름표

| 10 min | 5 min | 20 min | 10 min | 10 min |
|---|---|---|---|---|
| O.T. | 관심 | 탐구 | 관점 | 실천 |

## 교육진행표

| 구분 | 오리엔테이션 | 관심갖기 | 탐구하기 | 관점바꾸기 | 실천하기 |
|---|---|---|---|---|---|
| 제목 | | 영원한 관계 | 달라진 우리의 정체성! | 나의 관계를 점검합니다 | 우리는 사랑의 띠로 |
| 내용 | 환영 및 개요 설명 | 주님과의 관계 | 희생에 의한 관계 | 관계설정 | 사랑의 공동체 |
| 방법 | 강의 | 생각 나누기 | 성경 찾아 답하기 | 성찰하기 | 찬양 및 기도하기 |
| 준비물 | 출석부 | | 성경책 | | 악보 |
| 시간(55분) | 10분 | 5분 | 20분 | 10분 | 10분 |

관계(關係)라는 말은 개체들, 즉 사물이나 사람들 간의 연결을 의미한다. 이를테면, 문빗장은 대문의 양쪽 문을 걸어두는 막대기로 이쪽 문과 저쪽 문을 연결시켜 대문이 열리지 않도록 하는 도구다. 여기서 빗장의 중요한 역할은 연결시키는 것이다. 그래서 관계(關係)의 '관'(關)은 문빗장이라는 의미로도 쓰인다. 이처럼 관계는 사물의 연결을 의미하기도 하지만 사람 관계에서도 같은 의미를 가진다. 모든 생명체는 이러한 '관계' 속에서 존재하며 관계를 떠나서는 살 수 없다. 이러한 관계의 근원적 모형은 삼위일체로 존재하시는 하나님으로부터임을 우리는 발견할 수 있다.

성부, 성자, 성령 하나님은 서로 독립되어 상호 간에 아무 관계가 없는 것이 아니라, 서로의 관계 속에서 각 위격의 특이성을 드러내신다. 즉 성부의 위격성과 특이성은 성자와 성령의 관계 속에서, 성자는 성부와 성령의 관계 속에서, 성령은 성부와 성자의 관계 속에서 그 역동성을 나타내신다. 그러므로 각 위격의 존재와 삶은 각 위격 상호 간의 관계성 속에서만 생각되어질 수 있다. 이처럼 우리 교회 속에서의 믿는 자들 간의 관계도 마찬가지다. 하나님께서도 관계 속에서 일하시듯 우리 역시 서로 간의 관계 속에서 서로를 돌보며, 맡겨준 사명들을 감당해야 하는 것이다.

배울말씀에서 바울은 교회 내에서의 지체들 역시 서로가 이와 같은 '관계' 속에 있음을 강조하고 있으며 예수 그리스도 안에서 서로가 연결되어 함께 지어져 가는 지체임을 잊지 말라고 권면한다(엡 2:21-22). 사도행전에 나타나는 사도 바울의 세 차례에 걸친 선교여행에서 에베소는 그의 두 번째 선교 여행에 있어서 중요한 목적지가 되었던 곳이다. 그것은 에베소가 바울이 발을 내딛기 200년 전부터 소아시아 지역의 로마령 수도로 지정되었을 정도로 유력한 도시였기 때문이다. 또한 에베소를 구성하고 있는 많은 사람들이 동방과 서방이 혼합된 종교적 미신을 따랐는데, 대표적으로 서방의 여신인 아데미(Diana)가 그들의 주요한 숭배 대상이었다. 당시 에베소는 상업의 중심지요, 로마에서 아시아로 들어가는 교통 요충지였기 때문에 에베소의 복음화로 인한 선교적 영향을 예측해 본다면 에베소는 사도 바울에게는 중요한 선교의 대상일 수밖에 없었다. 바울은 자신의 2차 선교여행에서는 긴 시간 동안 머물 수 없었지만 3차 여행에서는 2년 이상 머물며 사역했다. 후일 사도 바울은 로마에서 죄수의 신분으로 에베소 교회에 편지를 쓰는데, 그리스도인으로서의 성숙한 삶이 어떠해야 하는지 교회를 중심으로 가르쳤다. 예수를 그리스도로 고백하기 전, 허물과 죄로 인해 세상 풍조를 따르고, 공중의 권세 잡은 자를 따르며, 육체의 욕심을 따라 지내며 본질상 진노의 자녀였던 인간들은 하나님의 크신 사랑, 즉 하나님께서 친히 우리와 관계를 맺으신 그 사랑으로 구원받은 자가 되었고, 하나님의 권속이 될 수 있었다. 그렇게 우리의 달라진 정체성을 가지고 이제는 하나님의 백성으로서 어떻게 살아야 하는지를 일깨워 주는 것이다. 하나님께서 친히 찾아오셔서 나와 관계를 세우셨고, 나아가 그 관계를 사람들과의 관계로 확장되게 하시며, 우리로 하여금 그 관계 속에서 살아가게 하신다.

이러한 관계를 위해 친히 찾아오신 하나님께서는 그 존재 자체가 이미 관계적이시다. 성부, 성자, 성령 하나님께서 코이노니아의 삶을 함께 나누시며, 그 내적 특성으로 설명되는 '페리코레시스'(perichoresis), 즉 서로의 정체성이나 상호성을 잃지 않고 서로 내재하며, 서로 관통하는 역동적 관계를 이루고 계시다는 의미다. 그러한 하나님께서 친히 인간에게 찾아오셔서 '권속'(members of God's household)이라는 관계를 우리에게 허락하신 것이다.

관심갖기 평신도 제자훈련교재 / 영원한 관계

아래의 글을 읽은 후 질문에 답해 봅시다.

> 폴란드에 에릭이라는 왕이 나라를 다스리던 때, 바사 공작이 반역죄를 저질러 종신형을 받고 수감되었다. 어느 날 바사 공작의 부인 카타리나가 왕을 찾아가 자신도 남편의 형기를 함께 복역할 수 있도록 해달라고 청했다. "부인, 종신형의 뜻을 모르시오? 한 번 감옥에 갇히면 다시는 빛나는 햇빛도 아름다운 하늘도 볼 수 없음을 의미하오. 그리고 그는 더 이상 공작이 아니오. 그는 반역죄를 지은 자임을 잊었소?" 카타리나는 남편이 무죄든 유죄든 자신의 남편이며 자신의 자유마저 포기할 수 있다고 간청했다. 그녀는 결혼반지를 꺼내 왕에게 보여주며 "Mors sola(라틴어, 오직 죽음만이), 이 말이 뜻하는 것처럼 우리는 죽을 때까지 한 몸입니다."라고 말했다. 왕은 하는 수 없이 그녀의 부탁을 들어주었다. 그녀도 지하 감옥으로 향했다. "Mors sola. 오직 죽음만이 우리를 갈라놓을 뿐이다." 사람들은 이 말에 감동을 받는다. 그러나 그리스도의 사람은 죽음도 갈라놓을 수 없다. 주님과의 관계를 말이다.
>
> 〈2012. 6. 18 국민일보 겨자씨〉

여러분이 생각하기에 가장 중요한 관계가 있다면 어떤 관계인지, 누구와의 관계인지, 왜 그렇게 생각하는지를 이야기해 봅시다.

각자의 생각을 들어 본다.
하나님께서는 우리와 이러한 관계를 세우시고자 이 땅에 육신의 몸을 입고 오셨다.

평 신 도 제 자 훈 련 교 재
**탐구하기**　　　　　　　　달라진 우리의 정체성!

배울말씀인 에베소서 2장 11-22절을 읽고 주어진 질문에 답해 봅시다.

1. 하나님의 진정한 사랑을 만나기 전, 우리의 모습은 어떠했었는지 11-12절을 잘 읽어 보고 대답해 봅시다.

　　각자가 신앙인이 되기 전에 어떠한 삶을 살았는지, 그때 자신의 의미가 무엇이었는지를 돌아본다. 성경에서는 하나님을 만나기 전의 사람을 이방인이요 할례를 받지 않은 무리라 칭했고, 그리스도 밖에 있고 소망이 없고 하나님도 없는 자라고 설명한다.

2. 본래 하나님과 무관한 자들이었던 우리가 어떻게, 무엇으로 인해 '하나님의 권속'이라는 관계를 형성하게 되었을까요? 다시 말해, 무엇 때문에 우리의 정체성(Identity)이 달라질 수 있었을까요? 13-20절을 읽고 아래 그림에 있는 (　　)에 들어갈 정답을 써 넣어 보고 그에 대한 느낌을 이야기해 봅시다.

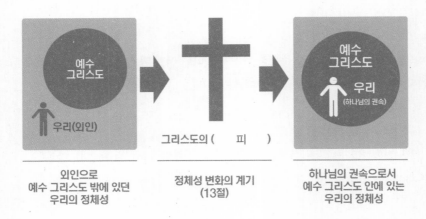

우리(외인)　　　　　　　그리스도의 (　피　)　　　　　예수 그리스도 / 우리 (하나님의 권속)

외인으로　　　　　정체성 변화의 계기　　　　하나님의 권속으로서
예수 그리스도 밖에 있던　　　(13절)　　　예수 그리스도 안에 있는
우리의 정체성　　　　　　　　　　　　　　우리의 정체성

13절에 나오듯이 우리는 그리스도의 (피)로 하나님의 권속이라는 '관계'를 맺을 수 있었다.

죄인이기 때문에 하나님과의 관계를 온전히 형성할 수 없었던 우리는 그리스도의 피로 말미암은 사랑의 희생으로 인해 회복될 수 있었다. 이에 대한 각자의 느낌을 이야기해 볼 수 있게 한다.

3. 이러한 관계에 의해 교회가 든든히 세워집니다. 21-22절을 읽고 건강한 교회의 모습은 어떠한지 찾아 아래 빈칸을 채워 봅시다.

> 21절
> "그의 안에서 ( 건물 )마다 서로 ( 연결 )하여 주 안에서 ( 성전 )이 되어 가고"
>
> 22절
> "너희도 성령 안에서 하나님이 거하실 처소가 되기 위하여 ( 예수 ) 안에서 ( 함께 지어져 ) 가느니라."

하나님께서 친히 세우신 관계로 인해 교회는 외형적이고 내적인 균형을 이뤄간다. 외인이었던 우리를 친히 자녀로 삼아주심으로 우리와 관계하시는 하나님의 부르심으로 인해 우리는 함께하는 이들로 하여금 함께 교회를 이루어 가는 자세를 가져야 한다.

| | 관계 | 결과 |
|---|---|---|
| 건물(외형적) | ( 연결 ) | 성전됨 |
| 사람(내적) | 예수 안에서 | (함께 지어져 간다.) |

하나님께서 친히 나를 찾아오셔서서 '관계'를 세우심으로 나의 정체성이 달라졌습니다. 그렇다면 지금 나는 하나님, 사람, 자연, 그리고 나 자신과 어떤 관계를 맺고 있는지를 생각해보고 이야기해 봅시다.

각자의 이야기를 들어 본다.

하나님, 자연, 사람, 그리고 나 자신의 관계에 대해서 이야기해 보자. 첫째, 하나님과의 관계에 있어서 어떤 이는 하나님을 무서운 분, 징계와 심판의 하나님으로 여길 수 있지만 반대로 그 어떤 죄라도 용서해 주시는 사랑의 하나님으로 생각할 수도 있다. 둘째, 자연은 우리처럼 하나님께로부터 창조되었다. 자연은 언제나 우리를 위해 존재해왔다. 자연은 우리에게 살아가는 환경을 공급해주고, 때로는 안식을 주는 존재다. 그런데 인간이 그런 자연을 무자비하게 대하고 있다. 인간은 자연을 문명과 발전을 위한 수단으로 전락시켰고 이 때문에 자연복원력이 점점 떨어지고 있다. 결국 그에 따른 악영향은 고스란히 사람이 맞이할 수밖에 없다. 지금부터라도 자연을 수단이 아닌 더불어 생태계를 이루는 동반자로 바라보는 인식과 실천이 필요하다. 셋째, 사람에 대한 우리의 관계성을 볼 때, 우리는 너무나 이기적이다. 우리는 다른 사람을 대할 때 하나님의 형상에 따라 지음 받은 존엄한 존재라기보다 경쟁상대로서 대하고 있는 경우가 많다. 타인은 하나님 앞에서 동등하며, 서로 연결되어 건물을 이루듯 아름다운 관계를 이루며 함께 살아가야 할 대상이다. 마지막으로 나 자신이다. 일반적으로 우리는 자신에 대해 부정적이다. 강점을 보기보다 약점에 대해 더 민감해 한다. 그러나 나 한 사람 때문에 예수님께서 십자가에 죽으심으로 그 사랑의 희생을 감당하셨다는 사실을 잊지 말자. 나는 하나님 앞에서 귀한 존재요, 하나님의 나라를 함께 가꾸어 가야할 주인공이다. 이 사실을 잊지 말자.

평신도제자훈련교재
### 실천하기　　　　　　　　우리는 사랑의 띠로

다함께 아래 찬양을 불러 봅시다. 모두 둥글게 모여 서서 손을 잡고 하나님께서 세우신 관계를 생각하면서 함께 찬양합시다. 특별히 내가 잡고 있는 한 손은 하나님께서 나를 잡으신 손으로 여기고, 다른 한 손은 공동체를 세우는 데 꼭 있어야 할 손으로 여기며 찬양합시다.

여러 차례 부른 후, 함께 아래의 기도제목을 위해 기도합시다.

> • 나에게 찾아오셔서 '권속'으로 관계를 세워주심을 감사합니다.
> • 나를 사역자로 부르시고 함께 동역할 수 있는 은혜 주심에 감사합니다.
> • 함께 손잡은 공동체를 위하여 기도합니다.
> • 맡겨주실 사명을 잘 감당할 수 있도록 기도합니다.
> • 관계를 잘 세워나가는 사역자가 될 수 있도록 기도합니다.

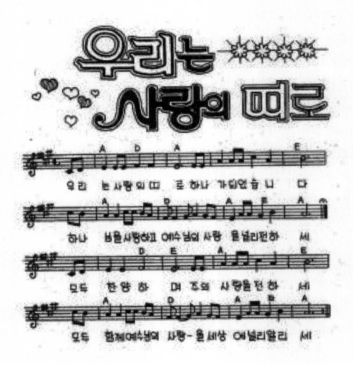

## 새길말씀 외우기

너희도 성령 안에서 하나님이 거하실 처소가 되기 위하여 그리스도 예수 안에서 함께 지어져 가느니라 (엡 2:22)

## 다함께 드리는 기도

1. 오늘 배운 말씀과 내용을 생각하며 다함께 기도하는 시간을 갖도록 합시다.
2. 오늘 참석한 구성원들을 위해서 이름을 불러 가며 중보의 기도를 합시다.
3. 오늘 참석하지 못한 구성원이 있으면 그 사람을 위해 더욱 뜨거운 마음으로 기도합시다.
4. 한 주간의 삶을 통해서 오늘 배우고 익힌 내용들을 삶으로 살아갈 수 있도록 기도합시다.
5. 하나님의 은혜 가운데서 한 주를 살고, 다음 모임 시간에 모두가 모일 수 있도록 기도합시다.

*사역자로서 이 과를 마치고 난 느낌이나 소감, 다짐 등을 간단하게 말해 봅시다.

## 다음 모임을 위하여

1. 다음 주에 읽어야 할 성경말씀을 읽고 확인합시다.
2. 31과의 배울말씀인 마태복음 11장 20-30절을 읽고 묵상합시다.

평신도 제자 훈련 교재
# 평가하기

| 평가항목 | 세부사항 | 그렇다 | 그저 그렇다 | 아니다 |
|---|---|---|---|---|
| 인도자의 준비도 | 인도자는 본 과의 교육목적을 이룰 수 있도록 충분하게 준비했습니까? | | | |
| 교육목표의 성취도 | 1. 학습자들은 자신의 잘못된 선입견과 고정관념을 버리고 순수한 마음으로 주님을 만날 준비가 되었습니까?<br>2. 학습자들이 예수에 대하여 지식적으로 아는(know) 단계에서 체험적으로 아는(see) 단계로 발전하고자 결단하게 되었습니까? | | | |
| 학습자의 참여도 | 학습자들이 진지하고 적극적인 태도로 성경공부에 임했습니까? | | | |
| 성경공부의 분위기 | 성경공부를 하는 동안 학습자들이 편안한 분위기를 느낄 수 있었습니까? | | | |
| 기타 보완할 점 | 기타 보완할 점이나 건의사항이 있습니까? | | | |

## 성경 읽기표

| 읽을 범위 | | 월 일 주일 | 월 일 월요일 | 월 일 화요일 | 월 일 수요일 | 월 일 목요일 | 월 일 금요일 | 월 일 토요일 |
|---|---|---|---|---|---|---|---|---|
| | 구약 | 주일은 설교말씀 묵상 | 잠 10~12장 | 잠 13~15장 | 잠 16~18장 | 잠 19~21장 | 잠 22~24장 | 잠 25~27장 |
| | 신약 | | 살전 1장 | 살전 2장 | 살전 3장 | 살전 4장 | 살전 5장 | 살후 1장 |
| 확인 | | | | | | | | |

# MEMO

# 31 사역자는 열린 마음을 가집니다

평신도 제자훈련교재

**배울말씀** 마태복음 11장 20-30절

**도울말씀** 시 34:18; 42:1-2, 사 1:18; 43:25; 53:4-6; 66:2, 마 7:1-2, 막 10:14, 요 3:16; 6:51, 행 2:21, 롬 5:8; 8:1-2; 12:18, 고전 13:1-8, 엡 4:2, 32, 빌 2:3, 골 3:12-14, 딤후 2:24-25

**새길말씀** 수고하고 무거운 짐 진 자들아 다 내게로 오라 내가 너희를 쉬게 하리라 (마 11:28)

## 이룰 목표

① 사역자가 가져야 할 열린 마음이 무엇인지 안다.

② 예수님께서 우리를 부르심은 열린 마음으로 용납하심임을 깨닫는다.

③ 열린 마음에 기초한 실천을 훈련한다.

## 교육흐름표

| 10 min | 5 min | 20 min | 15 min | 10 min |
|--------|-------|--------|--------|--------|
| O.T. | 관심 | 탐구 | 관점 | 실천 |

## 교육진행표

| 구분 | 오리엔테이션 | 관심갖기 | 탐구하기 | 관점바꾸기 | 실천하기 |
|------|------------|---------|---------|-----------|---------|
| 제목 | | 다름과 틀림 | 열린 마음으로 | 열린 마음은 | 온몸으로 |
| 내용 | 환영 및 개요 설명 | 남을 판단하기 | 예수님의 초청 | 열린 마음의 내용 | 열린 마음 실천하기 |
| 방법 | 강의 | 생각 나누기 | 성경 찾기 및 생각 나누기 | 성경 찾아 답하기 | 몸 사용하기 |
| 준비물 | 출석부 | | 성경책 | 성경책 | |
| 시간(60분) | 10분 | 5분 | 20분 | 15분 | 10분 |

오늘날의 사회적 변화를 세계화, 혹은 지구화라고 한다. 이는 과거와 달리 한 나라의 경계를 쉽게 넘어오고 또 쉽게 넘어갈 수 있게 됨으로써 생겨난 말로 볼 수 있다. 세계화 혹은 지구화라는 말과 함께 '개방화'라는 말도 점점 익숙한 용어가 되고 있다. 개방(開放)이라는 말은 자유롭게 드나들고 교류하는 것을 의미하는데, 이는 세계화 혹은 지구화에 의해 특정한 나라나 민족, 혹은 공동체만이 공유하던 문화가 더 이상 그들만의 문화가 아니라, 서로 알게 되고 나아가 교류할 수 있게 되었음을 말한다. 이제 교회 속에서도 이러한 모습을 발견할 수 있다. 점점 더 다양한 개성과 배경을 가진 이들이 교회 속에 참여하고 있고, 교회에 의한 사회적이고 공적인 역할에 대한 기대가 증가하고 있으며, 세계화 혹은 지구화 내지는 개방화에 상응하는 다양한 교육적인 시도들이 도입되고 있기 때문이다. 본 과에서는 이러한 사회적 정황 속에서 교회가 해야 할 역할과 그리스도인들이 임해야 할 사명에 앞서 가져야 할 마음가짐 중에서 특별히 사역자들에게 필요한 '열린 마음'에 초점을 맞추고자 한다. 이는 마치 우리가 아직 죄인 되었을 때 우리를 구원하시고자 하신 하나님의 사랑과 호의가 선행적으로 역사하셨던 것처럼(롬 5:8), 사역자 역시 조건 없이 상대할 수 있는 열린 마음이 있어야 하기 때문이다. 그것은 하나님께서 인간을 향해 품으셨던 마음이요, 예수 그리스도께서 이 땅에 오시어 몸소 보이셨던 마음이다.

천지의 주재(主宰)이신 하나님께서는 만물의 창조자이신 동시에 통치자이시다. 인간의 한계로서는 하나님을 알 수 있는 방법이 없다. 단 한 가지 있다면 그것은 계시, 즉 하나님께서 스스로 우리에게 보여주시는 것뿐이다. 그렇게 하나님께서는 친히 찾아오심으로 자신을 나타내시면서 우리를 향한 그 크신 사랑을 확증해주셨다. 그것은 은혜가 아닐 수 없다. 그렇게 인간의 몸을 입고 이 땅에 오신 분이 바로 예수님이시다. 예수님께서는 본디 하나님이시나 그와 동등됨을 취하지 아니하시고(빌 2:6) 이 땅에 오셨다. 이 땅에 오신 예수님께서는 자기 몸을 속죄의 제물로 내어 주심으로 이 땅의 모든 사람들의 죄의 값을 치르셨다. 예수님께서는 그 은혜와 사랑으로 이 땅의 모든 사람을 초청하는 것이다. 여기에는 조건이 있을 수 없다. 큰 자나 작은 자나, 부자나 가난한 자나, 건강한 자나 병약한 자나, 피부색이 다른 자나, 다른 말을 사용하는 자나, 그 어떤 모양의 죄를 지은 자도 예수님께서 부르신다. 바로 이것이 이 땅 만물을 향한 하나님의 조건 없으신 선행적 은총이요, 예수 그리스도의 '열린 마음'이다.

사역자는 이러한 하나님의 초청, 즉 은혜로 말미암은 사랑에 의해 부르심을 받았다. 그 부르심은 막힌 담을 허무시는 능력이요, 자격 없던 존재를 열린 마음으로 받아주신 사건이다. 사역자는 이러한 은혜로써 새로운 삶을 살게 되었기에 사역자 역시 열린 마음을 가져야 한다. 사역자로서 내가 만나게 될 사람이 어떤 배경을 가졌든지, 사회적 지위가 어떠하든지, 남성이든지, 여성이든지, 나이가 많든지, 적든지, 그 모습이 어떠하든지 그에 대한 선입견을 갖지 않고 그를 향해 마음을 열 수 있어야 한다. 그렇게 열린 마음을 가지고 그의 말을 경청함으로 그가 어떤 필요를 요청하고 있는지, 무엇을 고통스러워하는지를 들어야 한다. 그렇게 열린 마음을 가지고 선입견을 갖지 않으면서 상대의 목소리에 귀를 기울일 때, 진정한 대화가 일어난다. 그렇게 내가 주님께 환영받았던 것처럼 그도 그렇게 환영할 수 있어야 하는 것이다.

아래 이야기를 읽고 각자의 생각을 나누어 봅시다.

> 한 남자가 모자를 쓰고 예배를 드렸습니다. 설교하던 노(老)목사가 그 모습이 눈에 거슬러서 예배 후 남자에게 다가가 물었습니다. "왜 모자를 쓰고 예배를 드리는지요?" 남자는 잘못했다는 기색 없이 목사를 쳐다보며 질문했습니다. "목사님은 왜 안경을 쓰고 계십니까?" 목사는 어이가 없다는 듯이 "그야 내 눈이 나빠서지요." 그 남자는 겸연쩍은 듯 대답했습니다. "목사님, 저도 머리가 나빠서 모자를 썼습니다. 저는 교회 옆 병원에서 항암치료 중입니다." 또 한 청년이 머리를 노랗게 염색하고 앞자리에 앉아 예배를 드렸습니다. 예배를 마친 후 노(老)장로가 화가 난 듯 청년에게 물었습니다. "그 머리 색깔이 뭐냐? 그 모습으로 예배를 드려야 되겠니?" 청년은 당당하게 질문했습니다. "장로님은 왜 염색을 하셨습니까?" 장로는 어이가 없다는 듯이 "그야 내 머리가 백발(白髮)이라 검게 염색을 한 것이지……." 청년이 대답했습니다. "검은머리를 노랗게 염색한 것과 백발을 검게 염색한 것이 무엇이 다르지요? 제 사업의 주 고객은 청소년들입니다." 혹시 모자를 쓰거나 머리를 물들인 예배자를 보았을 때, 어떤 생각을 하셨나요? '틀렸다'는 선입견으로 판단하기 전에 나와 '다르다'는 생각이 필요합니다.
>
> 〈2013. 8. 1 국민일보〉

외모로 인해 평가받아 본 경험이 있습니까? 어떤 상황이었는지, 어떤 기분이었는지 이야기해 봅시다.

우리는 누구나 자기중심적인 경향을 갖고 있기에 타인의 처지와 형편에 대한 배려에 인색할 때가 있다. 내가 만들어 놓은, 혹은 누군가가 만들어 놓은 생각의 틀에 맞추어 평가하고 또 판단하게 될 때, 선입견이 앞서게 될 수 있으며, 그것으로 인해 가장 고귀한 가치인 '사랑'을 놓칠 때가 있다.

배울말씀인 마태복음 11장 20-30절을 읽고 물음에 답해 봅시다.

1. 예수님께서는 고라신과 벳새다, 그리고 가버나움을 책망하고 계십니다. 그 이유가 무엇인지 20-24절을 읽고 찾아봅시다.

예수님께서 직접 권능을 행하시며 자신을 계시하셨는데 그 고을들이 회개하지 않음으로 책망을 받았다. 벳새다는 게네사렛 호수의 서부 기슭에 위치한 갈릴리의 한 도시로 예수님을 따르던 몇몇 제자들의 고향이다. 그리고 고라신은 본문에 의하면 예수님께서 이 세상에 계시는 동안 이적을 행하셨던 지역이다. 가버나움은 예수님께서 활동할 당시 갈릴리 지역의 으뜸가는 도시로, 마가복음 1장 21-28절에 보면 예수님께서 이곳에 있는 회당에서 가르치셨을 뿐만 아니라, 귀신들린 사람을 고치심으로 그 소문이 온 갈릴리 사방에 퍼지게 되었다고 한다. 그런데 이렇게 예수님의 이적과 복음을 직접 보았던 고라신, 벳새다, 그리고 가버나움 사람들이 진리이신 예수님 앞에 진정으로 회개하지 않았던 것이다. 만일 두로와 시돈에 있던 사람들이 예수님의 이적과 역사를 보았다면 그들은 회개하였을 것이다.

2. 예수님께서는 '이것'을 지혜롭고 슬기 있는 자들에게는 숨기시고 어린아이들에게 나타내심을 감사한다고 말씀하셨습니다. '이것'은 무엇일까요? 25-27절을 읽고 찾아봅시다.

이것은 바로 천지의 주재이신 아버지 하나님의 아들, 진리이신 예수 그리스도이시다. 앞서 예수님께서는 고라신, 벳새다, 그리고 가버나움에서 자신의 권능을 보이셨지만 그들은 스스로를 나타내신 하나님이신 예수 그리스도 앞에 회개하지 않았다. 그들은 사람들을 향해 열린 마음으로 다가오신 하나님을 받아들이지 못한 것이다. 그런데 성경에서는 이것을 역설적으로 '숨기시고'라고 표현하고 있다. 사실은 하나님께서 숨기신 것이 아니라, 그들이 외면한 것이다. 25절에 의하면 그들은 지혜롭고 슬기 있는 자들이라고 말씀한다. 세상에서 지혜가 있고 슬기롭다고 해서 그에 따라 진리이신 예수님을 더 잘 받아들이는 것은 아니다. 진리이신 예수님은 어린아이에게도 자신을 나타내신다. 하나님은 어린아이든 지식인이든, 지위가 높든 낮든 그들에게 찾아가셔서 열린 마음으로 초청하신다.

3. 예수님께서 수고하고 무거운 짐 진 자들은 '다' 내게로 오라고 말씀하십니다. 어떤 사람이 수고하고 무거운 짐 진 자들인지 이야기해 봅시다.

이 땅에서 인생을 살아가는 모든 이들이다. 우리네 인생은 하나님께서 먹지 말라 명하신 에덴동산의 선악을 알게 하는 나무의 실과를 따 먹은 후로 일용할 양식을 위한 수고가 끝이 없다. 가난한 자나 부요한 자나 할 것 없이 다 수고한다. 그리고 저마다 자신의 영적인 부담, 즉 근심, 상한 심령, 죄책, 질병 등을 짊어지고 살아간다. 그런 의미에서 이 땅을 살아가는 모든 사람들이 수고하고 무거운 짐 진 자들임에 틀림없다. 예수님은 그들 모두를 초청하신다. 열린 마음으로 말이다. 그리고 그로부터 쉼, 즉 자유함을 주신다.

4. 예수님의 부르심에 나아온 사람들은 어떻게 쉼을 얻을 수 있습니까? 29-30절을 읽고 이야기해 봅시다.

"나의 멍에를 메고 내게 배우라 그리하면 너희 마음이 쉼을 얻으리니"라고 말씀한다. 멍에는 쟁기나 수레를 끌 수 있도록 두 마리의 나귀나 소의 등에 얹어 놓은 목제 기구를 말한다. 그렇다면 예수님의 멍에는 예수님의 부르심에 순응함으로 나아와 예수님의 인도를 받으며 예수님의 사람으로 살아가게 하는 소속감으로 이해할 수 있다. 다시 말해 '나의 사람이 되어 나에게서 배우라 그리하면 너희 마음이 쉼을 얻게 될 것'이라는 의미인 것이다. 예수님께로부터 무엇을 배울 것인가? 예수님께서는 친히 '나는 마음이 온유하고 겸손하니'라고 말씀하신다. 누구나 환영받을 수 있을 만큼 온유하시며 자신보다 타인을 더 귀하게 여기는 마음을 가지신 예수님의 마음을 배운다면 그 사람은 '쉼'을 얻을 수 있다는 말이다. 예수님께서는 누구에게나 열린 마음으로 찾아가셔서 자신의 사람이 되라고 초청하신다. 그 초청에 응하는 것이 세상의 수고와 짐을 지고 고통 가운데 이 땅을 살아가는 것보다 훨씬 감사한 일이므로, 다르게 표현하면 쉽고 가벼운 것이 되는 것이다.

평신도제자훈련교재
관점바꾸기                    열린 마음은

열린 마음이란 우리를 향한 하나님의 마음입니다. 이는 다시 내가 만나는 사람들을 향한 마음이어야 합니다. 성경말씀을 읽어보면 열린 마음이 무엇인지 알 수 있습니다. 아래 성경구절에서 찾아봅시다.

| | 성경말씀 | 열린 마음 |
|---|---|---|
| 시 34:18 | 여호와는 마음이 상한 자를 가까이하시고 충심으로 통회하는 자를 구원하시는도다 | 예) 가까이함 |
| 사 1:18 | 여호와께서 말씀하시되 오라 우리가 서로 변론하자 너희의 죄가 주홍 같을지라도 눈과 같이 희어질 것이요 진홍 같이 붉을지라도 양털 같이 희게 되리라 | 죄가 주홍 같을지라도 |
| 사 53:6 | 우리는 다 양 같아서 그릇 행하여 각기 제 길로 갔거늘 여호와께서는 우리 모두의 죄악을 그에게 담당시키셨도다 | 다 양 같음 |
| 마 7:1~2 | 비판을 받지 아니하려거든 비판하지 말라 너희가 비판하는 그 비판으로 너희가 비판을 받을 것이요 너희가 헤아리는 그 헤아림으로 너희가 헤아림을 받을 것이니라 | 비판하지 않기 |
| 막 10:14 | 예수께서 보시고 노하시어 이르시되 어린아이들이 내게 오는 것을 용납하고 금하지 말라 하나님의 나라가 이런 자의 것이니라 | 용납 |

| | | |
|---|---|---|
| 행 2:21 | 누구든지 주의 이름을 부르는 자는<br>구원을 받으리라 하였느니라 | 누구나 |
| 롬 8:1 | 그러므로 이제 그리스도 예수 안에 있는 자에게는<br>결코 정죄함이 없나니 | 정죄함이 없음 |
| 롬 12:18 | 할 수 있거든 너희로서는 모든 사람과 더불어 화목하라 | 모든 이와 화목 |
| 고전<br>13:4-5 | 사랑은 오래 참고 사랑은 온유하며 시기하지 아니하며<br>사랑은 자랑하지 아니하며 교만하지 아니하며<br>무례히 행하지 아니하며 자기의 유익을 구하지 아니하며<br>성내지 아니하며 악한 것을 생각하지 아니하며 | 무례하지 않기 |
| 엡 4:2 | 모든 겸손과 온유로 하고 오래 참음으로<br>사랑 가운데서 서로 용납하고 | 온유 |
| 엡 4:32 | 서로 친절하게 하며 불쌍히 여기며 서로 용서하기를<br>하나님이 그리스도 안에서 너희를 용서하심과 같이 하라 | 용서 |
| 빌 2:3 | 아무 일에든지 다툼이나 허영으로 하지 말고<br>오직 겸손한 마음으로 각각 자기보다 남을 낫게 여기고 | 겸손 |
| 골<br>3:12-14 | 그러므로 너희는 하나님이 택하사 거룩하고 사랑 받는 자처럼<br>긍휼과 자비와 겸손과 온유와 오래 참음을 옷 입고<br>누가 누구에게 불만이 있거든 서로 용납하여 피차 용서하되<br>주께서 너희를 용서하신 것 같이 너희도 그리하고<br>이 모든 것 위에 사랑을 더하라 이는 온전하게 매는 띠니라 | 사랑 |

각자가 성경말씀을 읽어보고 열린 마음이 무엇인지 본문에서 찾아 빈칸에 써 보게 한다.

열린 마음은 상대를 향해 다가가는 것임과 동시에 다가오는 이들을 가까이하는 것이다. 비록 죄 가운데 아파하며 절망 가운데 빠져 있다 할지라도 예수 그리스도의 은혜를 기대하며 열린 자세로 대할 수 있어야 한다. 그것은 우리 모두가 본래 다양같기 때문이다. 저마다 자신의 개성을 고집하며 마음대로 살아갈 때가 많다. 이런 우리가 서로 비판하지 않고 서로 용납하며 누구나 그리스도의 사랑에 열려져 있다. 그러므로 열린 마음은 정죄함이 없어야 한다. 그럼으로 모든 이와 화목해야 하는 것이다. 무례하지 않으며 온유와 용서와 겸손의 태도로 환대해야 하는 것이다. 성경은 이 모든 것 위에 사랑을 더하라 말씀한다.

실천하기            온몸으로

타인을 향해 열린 마음을 가지는 일은 우리의 마음과 태도를 통해 나타납니다. 우리의 일상에서 어떠한 자세와 마음가짐을 가질 때, 열린 마음을 표현할 수 있는지 구체적으로 써보고 직접 표현해 봅시다.

| | 이렇게 해 보아요! |
|---|---|
| 마음 | 예) 잔치에 초청한 자의 심정 가지기(누구나 환영) |
| 눈 | |
| 손 | |
| 입 | |
| 몸 | |

이 활동을 통하여 각자의 성향과 환경에 따라 다양하게 열린 마음을 표현해 볼 수 있다. 눈은 따뜻한 마음으로 상대방의 눈을 바라볼 수 있고, 입은 미소를 지으며 상대를 대할 수 있다. 또 손은 여러 상황에 따라 환영의 표현으로 상대와 악수를 할 수 있고, 위로하면서 어깨를 두드려줄 수 있으며, 두 팔을 모으며 반갑게 맞아주는 모양을 만들며 상대방으로 하여금 환대받고 있음을 느끼게 할 수 있다. 몸은 바른 자

세로 상대를 대하거나 때로는 무릎을 꿇고 상대할 경우도 생길 수 있다. 이 외에도 여러 가지 방법으로 몸을 통하여 열린 마음을 표현할 수 있다.

## 새길말씀 외우기

수고하고 무거운 짐 진 자들아 다 내게로 오라 내가 너희를 쉬게 하리라 (마 11:28)

## 다함께 드리는 기도

1. 오늘 배운 말씀과 내용을 생각하며 다함께 기도하는 시간을 갖도록 합시다.
2. 오늘 참석한 구성원들을 위해서 이름을 불러 가며 중보의 기도를 합시다.
3. 오늘 참석하지 못한 구성원이 있으면 그 사람을 위해 더욱 뜨거운 마음으로 기도합시다.
4. 한 주간의 삶을 통해서 오늘 배우고 익힌 내용들을 삶으로 살아갈 수 있도록 기도합시다.
5. 하나님의 은혜 가운데서 한 주를 살고, 다음 모임 시간에 모두가 모일 수 있도록 기도합시다.

\*사역자로서 이 과를 마치고 난 느낌이나 소감, 다짐 등을 간단하게 말해 봅시다.

## 다음 모임을 위하여

1. 다음 주에 읽어야 할 성경말씀을 읽고 확인합시다.
2. 32과의 배울말씀인 누가복음 10장 25-37절을 읽고 묵상합시다.

| 평가항목 | 세부사항 | 그렇다 | 그저 그렇다 | 아니다 |
|---|---|---|---|---|
| 인도자의 준비도 | 인도자는 본 과의 교육목적을 이룰 수 있도록 충분하게 준비했습니까? | | | |
| 교육목표의 성취도 | 1. 학습자들은 자신의 잘못된 선입견과 고정관념을 버리고 순수한 마음으로 주님을 만날 준비가 되었습니까?<br>2. 학습자들이 예수에 대하여 지식적으로 아는(know) 단계에서 체험적으로 아는(see) 단계로 발전하고자 결단하게 되었습니까? | | | |
| 학습자의 참여도 | 학습자들이 진지하고 적극적인 태도로 성경공부에 임했습니까? | | | |
| 성경공부의 분위기 | 성경공부를 하는 동안 학습자들이 편안한 분위기를 느낄수 있었습니까? | | | |
| 기타 보완할 점 | 기타 보완할 점이나 건의사항이 있습니까? | | | |

## 성경 읽기표

| 읽을 범위 | | 월 일<br>주일 | 월 일<br>월요일 | 월 일<br>화요일 | 월 일<br>수요일 | 월 일<br>목요일 | 월 일<br>금요일 | 월 일<br>토요일 |
|---|---|---|---|---|---|---|---|---|
| | 구약 | 주일은 설교말씀 묵상 | 잠 28~30장 | 잠 31장~ 전 1, 2장 | 전 3~5장 | 전 6~8장 | 전 9~11장 | 전 12장~ 아 1, 2장 |
| | 신약 | | 살후 2장 | 살후 3장 | 딤전 1장 | 딤전 2장 | 딤전 3장 | 딤전 4장 |
| 확인 | | | | | | | | |

# MEMO

# 32

평신도 제자훈련교재

# 사역자는
# 돌보는 자입니다

**배울말씀** 누가복음 10장 25-37절

**도울말씀** 출 2:25, 레 26:9, 시 95:7; 106:44, 잠 12:10, 애 1:11, 눅 10:34-35, 행 24:23,
고전 12:25, 빌 2:4, 딤전 5:8, 약 1:27

**새길말씀** 각각 자기 일을 돌볼뿐더러 또한 각각 다른 사람들의 일을 돌보아 나의 기쁨을 충만하게
하라 (빌 2:4)


## 이룰 목표

① 돌본다는 의미가 무엇인지를 알 수 있다.

② 성서에서 보여주는 돌봄의 모범을 이해할 수 있다.

③ 사역자로서 돌보는 실천을 공동체 속에서 이행할 수 있다.


## 교육흐름표

| 10 min | 10 min | 20 min | 15 min | 15 min |
|--------|--------|--------|--------|--------|
| O.T. | 관심 | 탐구 | 관점 | 실천 |


## 교육진행표

| 구분 | 오리엔테이션 | 관심갖기 | 탐구하기 | 관점바꾸기 | 실천하기 |
|------|------------|---------|---------|-----------|---------|
| 제목 | | 직분자의 덕목 | 돌봄의 모범 | 누가 이웃이 되겠느냐? | 돌봄은 마음으로부터 |
| 내용 | 환영 및 개요 설명 | 직분자의 역할 | 돌봄의 태도 | 돌봄의 예 | 나의 돌봄계획 |
| 방법 | 강의 | 생각 나누기 | 성경 찾기 및 생각 나누기 | 역할극 및 성찰하기 | 실천표 만들기 |
| 준비물 | 출석부 | | 성경책 | | |
| 시간(70분) | 10분 | 10분 | 20분 | 15분 | 15분 |

성경은 창세로부터 새 하늘과 새 땅에 이르기까지 하나님께서 당신의 백성을 부르셔서 그들과 관계하시면서 동시에 그들을 돌보시고 계시는 것을 끊임없이 보여주고 있다. 구약성경 본문(text) 속에 나오는 '돌본다'는 표현 중에 대표적으로 쓰이는 원어는 '파카드'(Pakad)인데 이는 '세다', '계수하다', '~에 관심을 갖다', '돌보다', '~위하여 개입하다'는 의미를 지닌다. 다시 말해 하나님께서 인간의 상황들을 헤아리시고 개입하신다는 것이다(창 21:1). 신약성서에서는 '돌본다'는 의미로 '에피스켑테스타이'(Episkeptestai)가 쓰이는데, 이 역시 그 대상이 처한 형편을 살피고 진정한 긍휼과 자비로 반응하는 것을 의미한다. 우리는 이 땅에 오신 예수 그리스도를 통해 이러한 돌봄의 모범을 발견할 수 있다. 예수님은 죄로 인해 영원한 죽음의 결말을 맞이할 수밖에 없던 인간의 형편을 살피시며 진정한 긍휼과 자비로 그들을 대속하시고자 인간의 몸을 입고 오셔서 인간이 치러야할 죄의 값을 대신 치르셨다. 이러한 돌봄의 모범은 인간이 이 세상을 살아가면서 만나게 되는 모든 '타자'(他者)에게 어떤 자세로 대해야 하는지를 가르쳐준다. 특히 공동체 속에서 다른 이를 섬기고, 봉사하며, 그리고 지도하는 사역자에게 있어서 돌봄의 미덕은 예수님처럼 살아가는 최고의 삶의 모습이라 할 수 있다.

이러한 '돌봄'의 의미와 연관하여 바울 사도는 "너희는 그리스도의 몸이요 지체의 각 부분이라"(고전 12:27)고 했다. 한 개인은 예수 그리스도의 몸 안에서 가치가 부여되고, 사랑과 아낌을 받으며, 필요한 존재가 된다. 그리고 지체로서의 역할과 기능을 감당하기도 한다. 우리는 각자가 지체로서 한 몸을 이루고 있기 때문에 함께 기뻐하고, 또 함께 아파함으로 서로를 돌봐야 한다. 이러한 돌봄의 관계에 대해 바울은 "몸 가운데서 분쟁이 없고 오직 여러 지체가 서로 같이 돌보게 하셨느니라 만일 한 지체가 고통을 받으면 모든 지체가 함께 고통을 받고 한 지체가 영광을 얻으면 모든 지체가 함께 즐거워하느니라"(고전 12:25,26)고 말씀한다. 이렇게 그리스도의 몸인 교회 속에 지체가 됨으로 서로가 돌봄을 받고 돌보는 관계 속에서 진정한 온전함(whole-ness)을 의미하는 '샬롬'을 경험할 수 있다.

그렇다면 우리가 가져야할 돌봄의 태도는 구체적으로 어떠한 모습일까? 배울말씀인 누가복음 10장 25-37절에 나오는 말씀은 하나님의 백성이 된 우리가 이 땅에서 어떻게, 그리고 어떤 모습으로 돌봄을 실천하며 살아가야 하는지를 가르쳐준다. 즉, 비록 우리가 과거에는 세상의 가치에 싸여 그 속에서 헤매며 살았을지라도, 이제는 이 세상에 오시어 친히 돌봄의 모범을 보이신 예수 그리스도의 그 은혜로 말미암아 하나님을 따라 살기로 작정한 하나님의 백성들이기에 나와 함께 더불어 살아가는 이들의 형편을 헤아리고, 긍휼한 마음을 가지고(눅 10:33) 자신의 것을 내어놓을 수 있는 마음을 갖고 구체적으로 실천하는 삶을 살아야 한다는 것이다. 그것은 곧 나의 형편을 헤아리시고, 나를 불쌍히 여기시며, 자신을 통째로 희생함으로써 자기 백성으로 삼아주신 예수 그리스도의 사랑과 은혜를 따르는 삶이다.

평신도제자훈련교재
관심갖기    **직분자의 덕목**

아래의 내용은 국민일보에 보도된 기사입니다. 잘 읽고 질문에 답해 봅시다.

> '상당한 식견과 통솔력을 갖추고 공사적 생활에 부끄러울 것이 없는 자', '성품이 원만하고 가정과 교회생활에 성실하며 덕망 있는 자', '성경 지식에 박식하고 임직에 상당한 사명이 있는 자', '주일성수와 십일조 의무를 이행하는 자', '신앙과 행위가 본이 되는 자', '단정하고 일구이언하지 않으며 깨끗한 양심을 가진 자'
>
> 이는 한국교회 주요 교단이 제시하는 평신도 직분자의 자격요건이다. 평신도 직분자는 장로, 권사, 집사, 권찰 등을 포괄하는 말로, 헌금 수납과 봉사구제 활동 등을 담당하는 이들을 뜻한다. 하지만 단순히 이 같은 봉사활

동에만 관여하는 건 아니다. 각자의 역할에 따라 교인의 영적 상태를 돌보거나 성경을 가르치고 신앙생활을 인도한다. 또 교인 권징(勸懲)과 심방, 전도활동에 적극 참여하며 때에 따라선 담임목사의 일부 역할을 대행하기도 한다. 이처럼 직분자는 교회를 이끄는 핵심 구성원이다. 그만큼 막중한 책임이 주어진 자리며 요건도 까다롭다. 그럼에도 이 자리를 원하는 교인들이 적지 않다. 섬김과 봉사가 주된 일로 개인 이득보다 희생이 더 큰 이 자리에 교인들이 관심을 두는 이유는 무엇일까.

교회 직분은 교단마다 역할과 권한은 다르지만 교회를 섬기고 봉사하는 일꾼이라 볼 수 있다. 이들의 역할과 자격은 성경을 바탕으로 정해진다. 목사와 장로는 사도행전 20장 28절과 디모데전서 3장 7절 등의 말씀을, 집사와 권사는 디모데전서 3장 8~13절과 로마서 12장 8절을 근거로 한다. 성경에 따르면 신앙과 삶에 모범을 보이며 깨끗한 양심을 가진 자들에게 직분을 맡긴다고 하나 실제로는 갖춰야 할 조건이 더 많다. 그럼에도 왜 교인들은 직분을 선호할까. 2011년 5월 평신도 직분자 360명을 대상으로 IVF복음주의연구소가 실시한 '평신도 직분자 의식 설문조사'에 따르면, 응답자의 89.2%가 교회생활에서 직분이 중요하다고 답했다. 직분이 중요한 이유로는 '신앙생활에 책임을 갖게 된다.'는 응답이 15.6%로 가장 많았다. 신앙을 위해 직분이 필요하다고 답한 이들이 많았지만 직분을 은사 대신 영적 질서(73.9%)나 명예(60.3%), 관료제도(59.4%)로 이해하는 응답자도 꽤 됐다. 이는 직분자가 섬김과 봉사라는 본연의 사명보다 교회 위계질서나 권리를 더 중요하게 여길 위험성이 높다는 것을 보여준다.

〈이하 생략, 2013. 4. 19. 국민일보〉

위의 신문기사를 읽고 난 후, 다음과 같은 내용에 대한 느낌을 말해 봅시다.

1) 직분자의 가장 중요한 덕목이 무엇이라고 생각하는지 이야기해 봅시다.

2) 여러분들이 처음 위와 같은 직분들, 즉 집사, 안수집사, 권사, 장로 등을 받았을 때, 그 배경과 마음가짐이 어떠했는지 서로 이야기해 봅시다.

각자의 생각을 들어 본다.

직분을 받은 자들에게 있어서 가장 중요한 덕목은 그 직임이 '봉사'하는 역할임을 잊어서는 안 된다는 것이다. 그 '봉사'는 함께 믿음의 길을 가는 공동체에서 앞서 가는 자가 뒤에 오는 이들을 '돌봄'의 마음을 가지고 친절하게 안내하고 이끌어 가는 것이다. 예수님께서 그러하셨던 것처럼 자기를 부인하고 그리스도의 몸인 교회를 건강하게 세우는 일에 헌신하는 것이 직분자의 임무이다. 세상의 가치에 따라 직분을 위계적인 질서로만 여겨 믿는 자들의 관계를 불편하게 하는 권위주의는 하나님께서 기뻐하지 않으시는 태도임을 알아야 한다.

 평신도 제자 훈련 교재 **탐구하기**　　　　　　　**돌봄의 모범**

배울말씀인 누가복음 10장 25-37절을 읽고 주어진 질문에 답해 봅시다.

1. 어느 한 율법사가 주님께 나아와 자신이 무엇을 하여야 영생을 얻을 수 있는지 묻습니다. 예수님께서는 율법사에게 율법에 무엇이라 기록되어 있는지를 되물으셨습니다. 율법사가 무엇이라고 대답하였는지 27절을 읽고 아래 빈칸에 알맞은 말을 찾아 써 봅시다.

> 누가복음 10:27
>  대답하여 이르되 네 마음을 다하며 목숨을 다하며 힘을 다하며 뜻을 다하여
>  주 너의 하나님을 ( 사랑하고 ) 또한 네 이웃을 네 자신 같이 ( 사랑하라 ) 하였나이다

정답은 하나님을 '사랑하고' 또한 네 이웃을 네 자신 같이 '사랑하라' 이다. 이 말씀을 담고 있는 계명으로는 신명기 6장 5절에 '너는 마음을 다하고 뜻을 다하고 힘을 다하여 네 하나님 여호와를 사랑하라'와 레위기 19장 18절에 '원수를 갚지 말며 동포를 원망하지 말며 네 이웃 사랑하기를 네 자신과 같이 사랑하라 나는 여호와이니라'는 말씀이 있다. 사실 영생에 대한 율법학자의 질문 동기는 예수님을 궁지로 몰아넣기 위함이었는데, 그 이유는 첫째, 예수님께서 천박한 그의 제자들에게 영생을 공공연히 보장하셨기 때문이고(참조, 눅 10:20), 둘째, 그 영생의 열쇠가 바로 예수님 자신 안에 있다고 하셨기 때문이며(참조, 눅 5:24; 10:22), 셋째, 주님께서 율법사들을 비판하시고 정죄하셨던 까닭이다(참조, 눅 7:30). 이러한 의도로 율법학자는 주님께 반감을 품고 그 답변의 여하에 따라 주님을 정죄하는 한편 자신들의 율법주의적인 구원관만이 진리임을 과시하려 했을 것이다. 예수님께서는 율법학자의 영생을 위한 질문에 대한 대답으로 가장 중요한 것은 하나님의 사랑과 이웃에 대한 사랑임을 가르쳐주셨는데, 이는 하나님을 진정으로 사랑하게 되면, 하나님께서 가르쳐주신 말씀대로 살아가게 되고, 그렇게 하나님께서 원하시는 대로 살아가게 될 때 나와 함께 더불어 살아가는 사람을 돌보며 살아갈 수 있기 때문이다. 결국 믿음을 가진 자의 삶은 '하나님의 뜻'을 따라 사는 삶이다.

2. 예수님께서는 율법학자의 '내 이웃이 누구니이까?' 라는 또 다른 질문에 한 이야기를 해 주십니다. 이 이야기는 타인을 돌보는 태도에 있어서 좋은 모범이 됩니다. 30-37절을 잘 읽고 주어진 질문에 답해 봅시다.

> 30 어떤 사람이 예루살렘에서 여리고로 내려가다가 강도를 만나매 강도들이 그 옷을 벗기고 때려 거의 죽은 것을 버리고 갔더라
> 31 마침 한 제사장이 그 길로 내려가다가 그를 보고 피하여 지나가고
> 32 또 이와 같이 한 레위인도 그곳에 이르러 그를 보고 피하여 지나가되
> 33 어떤 사마리아 사람은 여행하는 중 거기 이르러 그를 보고 불쌍히 여겨
> 34 가까이 가서 기름과 포도주를 그 상처에 붓고 싸매고 자기 짐승에 태워 주막으로 데리고 가서 돌보아 주니라

35 그 이튿날 그가 주막 주인에게 데나리온 둘을 내어 주며 이르되 이 사람을 돌보
아 주라 비용이 더 들면 내가 돌아올 때에 갚으리라 하였으니
36 네 생각에는 이 세 사람 중에 누가 강도 만난 자의 이웃이 되겠느냐
37 이르되 자비를 베푼 자니이다 예수께서 이르시되 가서 너도 이와 같이 하라 하
시니라

1) 본문에서 어려운 지경에 빠진 한 사람을 발견할 수 있습니다. 이 사람이 처
한 어려움을 마치 내가 당한 것으로 생각하고 다음 내용을 참고로 이야기해
봅시다.

· 그때 무엇이 가장 힘들고 무서웠는지
· 제사장과 레위인이 당신을 피해 지나갔을 때 마음이 어떠했는지
· 사마리아 사람이 다가왔을 때 어떤 마음이 들었는지, 그리고 그의 행동을 통해 무엇
  을 깨달았는지 등

비록 율법학자의 질문이 순수하지는 않았지만, 그 질문을 통하여 예수께서는 진정
한 마음으로 이웃을 돌보는 자가 누구인지를 가르쳐주신다. 강도 만난 사람에 대한
정확한 정보는 없으나 그는 예루살렘에서 약 30킬로미터 떨어진, 그리고 예루살렘
과 1.2킬로미터나 고도 차이가 있는 여리고로 내려가고 있었다. 이 길은 예로부터
험난하고 산적 떼가 출몰하는 지역이었다. 아니나 다를까 그는 강도를 만났고 그들
로부터 옷이 벗겨지고, 맞아 반죽음 상태에 놓이고 만다. 그는 타인의 도움이 없이
는 도저히 살아나기 힘든 형편에 처하게 된 것이다. 본문에 의하면 강도 만난 사람
은 거의 죽은 상태였기 때문에 제사장과 레위인이 자신을 피해서 가 버린 사실을 알
았는지는 알 수 없으나, 한편 그 사실을 몰랐다면 이 전승이 알려지지 못했을 것이
다. 오늘날 여리고에서 예루살렘으로 향하는 고속도로 왼편에 사마리아 사람이 강
도 만난 사람을 돌볼 수 있도록 했던 주막을 기념하는 곳이 있는 것을 볼 때, 이 사
건은 실제로 일어난 일로 보인다. 그렇다면 강도 만난 사람에게 있어서 가장 힘들

었던 것은 물리적인 아픔과 두려움뿐만 아니라, 제사장과 레위인에게 버림을 받았다는 심리적인 상처였을 것이다. 그가 가장 도움이 필요했던 순간 자신에게 돌봄의 손길을 아낌없이 내밀어 준 이는 다름 아닌 사람들이 가장 천시했던 사마리아 사람이었다.

2) 여러분이 제사장 혹은 레위인이라고 생각하고, 방송 기자가 여러분에게 인터뷰를 요청해 온다면 뭐라고 변명하겠습니까?

> • 기자: 당신(제사장/레위인)은 도움이 필요한 강도 만난 사람을 왜 보고도 그냥 지나쳤습니까? 한 말씀 해주시죠?
> • 제사장/레위인: ……

옆에 있는 사람과 역할을 나누어 각각 제사장과 레위인이 되어 대답해 본다. 당시 제사장은 예루살렘 성전에서의 사역을 마치고 제사장들의 마을인 여리고로 돌아가고 있었을 것이다. 레위인 역시 제사장만큼의 지위와 권위까지는 아니었겠지만 성전에서의 제사의식과 관련한 업무를 맡은 자로서 자신들의 임무를 마치고 역시 그들이 거주하고 있었던 여리고로 돌아가고 있었을 것이다. 제사장은 그가 죽었다고 시체를 만짐으로써 자신을 더럽히는 행동을 하지 않고자 했을 수도 있으나, 생사를 확인하지도 않은 채 타인의 도움이 반드시 필요한 사람을 돌보지 않은 데는 책임을 피할 수 없을 것이다. 또한 제사장만큼의 책임은 아닐 수 있겠지만 레위인 역시 당시 사회에서 특권층에 속해 있었으며 모범의 삶을 보여야 하는 사람이었음에는 틀림없다.

3) 사마리아 사람은 강도 만난 사람을 어떻게 돌보아 주었는지 33-37절을 읽고, 그의 마음과 그가 보인 돌봄의 행동, 그에 대한 예수님의 평가를 빈칸에 써봅시다.

| 마음 | 불쌍히 여김 |
|---|---|
| 돌봄의 행위 | 가까이 감, 기름과 포도주를 상처에 붓고 싸매고 자기 짐승에 태워 주막으로 데리고 가서 돌보아 줌, 추가적인 비용까지 부담함 |
| 예수님의 평가 | '너도 이와 같이 하라'며 모범으로 삼으심 |

본문에 등장하는 사마리아 사람은 당시 문화에 따르면 유대인으로부터 멸시와 천대를 받는 사람이었으나, 어려움에 처한 사람을 돌보는 행동에 있어서는 제사장과 레위인보다 오히려 더 모범을 보인다. 그는 자신의 것을 사용했을(기름, 포도주, 자기 짐승) 뿐만 아니라 추가적인 비용(additional money)까지도 쓰겠다고 나섰다. 진정한 돌봄은 가까이하기에 부담스러운 이들에게 다가가서 그들의 형편을 살펴 그 필요를 채워주되, 내 것을 아낌없이 쓸 수 있는 태도를 갖는 것이다. 예수님께서는 이런 사람이 '이웃'이 될 수 있다고 하시며 이 사마리아 사람처럼 '이웃'이 되라고 격려하신다.

평신도제자훈련교재
## 관점바꾸기                누가 이웃이 되겠느냐?

믿는 자는 예수님께서 말씀하신 대로 세상의 소금과 빛입니다. 그런데 그 역할을 감당하기에는 역부족입니다. 그 예를 보여준 사건이 있었습니다. 아래 기사를 잘 읽어보고 아래 질문에 대해 서로 이야기해 봅시다.

> **"지자체—교회, 돌봄사역 네트워크 구축해야"**
>
> "우리가 이웃을 꼼꼼하게 돌보지 못한 건 아닌지 되돌아봅시다. 이번 일은 우리 목회자와 교인들의 책임도 있습니다. 이웃을 섬기고 사랑을 베푸는

것이 교회의 사명 아니겠습니까.”

　지난 6일 오전 서울 송파구 송파대로의 S교회. 매주 목요일마다 독거노
인들에게 점심식사를 대접하는 사랑나눔선교회 담당 C강도사가 설교하는
동안 참석자들이 침통한 표정으로 고개를 끄덕였다. 지난 달 말, 같은 동네
이웃이었던 ‘송파구 세 모녀’가 생활고를 비관해 함께 목숨을 끊은 사건의 충
격이 아직 가시지 않은 듯했다. 세 모녀 사건 발생 이후 대통령까지 나서서
복지 사각지대에 대한 관심과 정책보완을 강조하고 있는 가운데 교계는 지
역사회 돌봄 사역의 역할을 되새기는 계기로 삼고 있다. 지난 12일 오후, 세
모녀가 살았던 동네로 접어드는 길목에서부터 크고 작은 교회가 눈에 띄었
다. 상가 2, 3층의 조그만 개척교회부터 주민들을 위해 카페를 설치한 N교
회, 방과 후 학교를 개설하고 매주 독거노인을 돕는 S교회 등이 눈에 띄었
다. 이 지역 교회 관계자들에 따르면 석촌동 일대에만 교인 150명 이상 되
는 교회가 20여 곳에 달하고 그 미만인 곳까지 포함하면 30곳이 넘는다. 지
역 교회 관계자들은 ‘세 모녀’ 얘기를 꺼내자 한결같이 표정이 어두워졌다.
교회에 직접 책임이 있는 것은 아니지만 교회의 사명인 ‘이웃 사랑’을 세심하
게 실천하지 못했다는 안타까움이 묻어났다. 세 모녀가 살던 집 바로 앞에
있는 E교회의 충격파는 더 커 보였다. 이 교회는 24시간 교회 문을 개방해
놓고 전도에 힘쓰는 교회로 알려져 있다. 어렵게 말문을 연 이 교회 L장로
는 사건 발생 직후 담임목사가 전한 주일 설교 내용으로 성도들의 안타까운
마음과 각오를 대신 밝혔다. “온 성도들이 관계 전도를 통해 어려운 이웃을
찾아가고 돕는 데 더욱 힘쓰자고 말씀하셨습니다.”
　세 모녀 사건 이후, 교계에서는 지역교회의 사회복지 사역에 대한 심도 있
는 역할이 강조되고 있다. 구·군청 등 지방자치단체와 주민, 교회 등 지역 구
성원들의 긴밀한 네트워크 형성을 통한 연합사역이 대표적이다. 한국기독
교사회복지협의회 이사장 손인웅(덕수교회 원로) 목사는 13일 ‘복지사각지
대에 놓인 고립·은둔·폐쇄형 이웃들을 돌보기 위해서는 정부나 지자체만으
로는 역부족’이라며 ‘지역 구성원들의 네트워크를 통해 복지 사각지대 주민
들을 발굴·지원하면서 생명 안전망을 촘촘히 만들어나가야 한다’고 제안했

다. 일례로 지역교회와 구청과 주민센터 사회복지사들의 정례 모임을 통해 차상위 계층 등 합법적 지원이 불가능한 이웃을 찾아서 돕는 방안, 집배원이나 '야쿠르트 아줌마' 등 배달원의 도움을 받아 교회가 돌봄이 필요한 이웃들을 찾아내는 방안 등이 제시되고 있다. 라이프호프 기독교자살예방센터 운영위원장 조성돈 실천신학대 교수는 "세 모녀 사건은 지역교회들로 하여금 '우리가 지역사회를 어떻게 꼼꼼하게 도울 수 있을까'를 고민하게 만드는 기회를 준 것 같다."면서 "지역 네트워크를 통한 효율적인 교회 복지사역에 지혜를 모아야 한다."라고 강조했다.

〈2014. 3. 14. 국민일보〉

1. 위 기사를 읽고 어떤 생각이 드는지 자유롭게 이야기해 봅시다.

참석한 이들의 다양한 견해를 들어보자. 이 기사를 통해 우리가 너무 이기적으로 살아가고 있으며, 나와 함께 더불어 살아가는 사람에 대해 관심과 사랑보다는 내 가정과 나 개인에만 몰두하며 살아가고 있는 것이 아닌지 우리의 삶을 돌아보게 한다. 특히, 교회가 일편적인 성장에만 관심을 갖고 지역사회를 섬기고 돌보는 일에 소홀한 것이 아닌지를 생각하게 한다.

2. 건강한 교회는 교회의 5대 사역인 예배, 봉사, 선포, 교제, 교육이 균형 있게 작동하는 교회입니다. 위 기사는 이 다섯 가지 사역 중에서 교제 및 봉사를 지역사회로 확장시키지 못하고 있는 교회의 실정을 말해주고 있습니다. 우리가 속해 있는 교회가 지역사회를 위한 섬김과 돌봄의 사역을 하고 있다면 구체적으로 어떻게 하고 있는지 보람 있었던 일을 나누고, 더 나은 섬김과 돌봄의 사역을 하기 위해서 필요한 것들이 어떤 것들이 있는지 서로 이야기해 봅시다.

믿는 자들을 향해 소금과 빛이라 말씀하신 주님의 말씀은 세상 속에서 흩어져서 그 속에서 소금처럼, 빛처럼 그 영향력을 발휘하라는 명령이다. 그러나 믿는 자들은 물론이고 교회마저도 역부족인 상황임을 부인할 수 없다. 너무나 안타까운 현실이다. 빛이요, 소금인 믿는 자들이 모인 교회마저도 지역사회로부터 소외당하고 있는 상황. 이것은 주님께서 원하시는 교회의 모습이 아니다. 지역사회는 교회가 가진 복음의 핵심을 보기보다는 우리가 어떤 모습으로 살아가는지, 그리고 우리가 지역사회를 통해 어떠한 대응을 하고 있는지에 더 많은 관심을 가진다. 하나님과의 동등됨을 내려놓으시고 인간의 몸으로 이 땅에 오신 예수님처럼, 교회는 세상의 낮은 자리에 있는 그들에게 찾아 그들의 삶의 변화를 위해 자신의 힘을 소모할 수 있어야 한다. 그것이 물질이든, 사람의 수고든 말이다. 이는 규모가 있는 교회만 할 수 있는 일이 아니다. 개척 교회라 할지라도 그 마음에 섬김과 돌봄의 마음이 있다면 작은 모습이라도 얼마든지 지역사회를 섬기고 돌볼 수 있을 것이다. 예수님의 말씀에 단순하게 반응할 필요가 있다. 빛과 소금이라 말씀하셨기에 그와 같은 역할을 빛처럼, 소금처럼 수행함으로 순종하는 교회가 건강한 교회다.

**실천하기**   평신도제자훈련교재      **돌봄은 마음으로부터**

사역자는 하나님께서 나에게 하나님의 일을 위임하셨다는 의식을 가져야 합니다. 그리고 이러한 청지기 의식을 바탕으로 돌봄의 덕을 실천할 수 있어야 합니다. 그러한 실천의 현장은 교회에서 가정으로, 그리고 직장으로 넓혀가야 합니다. 돌봄의 덕을 실천하는 데 있어서 나에게 어떤 장점이 있는지, 혹은 어떤 은사가 있는지를 점검하고, 그 돌봄을 어디에서 어떻게 실천할 수 있는지를 염두에 두면서, 돌봄의 실천이 요청되는 순간, 망설임 없이 수행할 수 있어야 합니다. 아래 표를 통해 돌봄을 위한 계획을 세워봅시다.

| | |
|---|---|
| 돌봄을 위한 생각 세우기 | ( 돌봄은 특별한 사람이 하는 것이다. ) ➜ (           ) |
| | 〈돌봄에 대한 자신의 생각의 변화를 써 본다.〉 |
| 돌봄을 위해 내게 있는 것 점검하기 | (    ), (    ), (    ), (    ) |
| | 내게 있는 능력, 외부적 환경 등을 구체적으로 써 본다. |
| 돌봄을 실천할 수 있는 곳 찾기 | 교회, 가정(가족, 가정일), 일터 등 |
| 구체적 실천내용 | 1.<br>2.<br>3. |

우선 돌봄에 대한 자기 생각을 정리해보자. 그리고 난 후, 이번 과를 통해 달라진 내용이 있다면 써보자. 타인을 돌보는 일은 특정한 사람만 할 수 있는 일이 아니라, 그리스도인이라면 당연한 의무이다. 내가 할 수 있는 일을 생각해보고, 그 일을 위해 내게 능력과 은사로 주어진 것이 무엇이 있는지 점검해 보자. 그런 후에, 가정, 교회, 직장에서 구체적으로 수행할 수 있는 돌봄의 내용들을 써 보자. 그리고 꼭 실천에 옮기자.

## 새길말씀 외우기

각각 자기 일을 돌볼뿐더러 또한 각각 다른 사람들의 일을 돌보아 나의 기쁨을 충만하게 하라 (빌 2:4)

## 다함께 드리는 기도

1. 오늘 배운 말씀과 내용을 생각하며 다함께 기도하는 시간을 갖도록 합시다.
2. 오늘 참석한 구성원들을 위해서 이름을 불러 가며 중보의 기도를 합시다.
3. 오늘 참석하지 못한 구성원이 있으면 그 사람을 위해 더욱 뜨거운 마음으로 기도합시다.
4. 한 주간의 삶을 통해서 오늘 배우고 익힌 내용들을 삶으로 살아갈 수 있도록 기도합시다.
5. 하나님의 은혜 가운데서 한 주를 살고, 다음 모임 시간에 모두가 모일 수 있도록 기도합시다.

＊사역자로서 이 과를 마치고 난 느낌이나 소감, 다짐 등을 간단하게 말해 봅시다.

## 다음 모임을 위하여

1. 다음 주에 읽어야 할 성경말씀을 읽고 확인합시다.
2. 33과의 배울말씀인 출애굽기 17장 8-16절을 읽고 묵상합시다.

| 평가항목 | 세부사항 | 그렇다 | 그저 그렇다 | 아니다 |
|---|---|---|---|---|
| 인도자의 준비도 | 인도자는 본 과의 교육목적을 이룰 수 있도록 충분하게 준비했습니까? | | | |
| 교육목표의 성취도 | 1. 학습자들은 자신의 잘못된 선입견과 고정관념을 버리고 순수한 마음으로 주님을 만날 준비가 되었습니까?<br>2. 학습자들이 예수에 대하여 지식적으로 아는(know) 단계에서 체험적으로 아는(see) 단계로 발전하고자 결단하게 되었습니까? | | | |
| 학습자의 참여도 | 학습자들이 진지하고 적극적인 태도로 성경공부에 임했습니까? | | | |
| 성경공부의 분위기 | 성경공부를 하는 동안 학습자들이 편안한 분위기를 느낄 수 있었습니까? | | | |
| 기타 보완할 점 | 기타 보완할 점이나 건의사항이 있습니까? | | | |

## 성경 읽기표

| 읽을 범위 | | 월 일<br>주일 | 월 일<br>월요일 | 월 일<br>화요일 | 월 일<br>수요일 | 월 일<br>목요일 | 월 일<br>금요일 | 월 일<br>토요일 |
|---|---|---|---|---|---|---|---|---|
| | 구약 | 주일은 설교말씀 묵상 | 아 3~5장 | 아 6~8장 | 사 1~3장 | 사 4~6장 | 사 7~9장 | 사 10~12장 |
| | 신약 | | 딤전 5장 | 딤전 6장 | 딤후 1장 | 딤후 2장 | 딤후 3장 | 딤후 4장 |
| 확인 | | | | | | | | |

# *MEMO*

# 9단원
# 사역자는 중보기도자입니다

## 단원 설명

9단원은 사역자의 모범 중 하나인 중보기도에 대해 다룬다. 사역자에게 있어서 중요한 사역 가운데 하나는 중보기도다. 중보기도는 다른 사람을 위해서 하는 기도다. 이는 사역자의 신앙 정도가 얼마나 성숙되었는지, 얼마나 다른 형제와 자매를 사랑하는 삶을 실천하고 있는지를 알 수 있는 척도가 될 수 있다. 성경에서 중보기도는 사무엘의 "나는 너희를 위하여 기도하기를 쉬는 죄를 여호와 앞에 결단코 범치 아니하리라"(삼상 12:23), 바울이 디모데에게 권면한 "그러므로 내가 첫째로 권하노니 모든 사람을 위하여 간구와 기도와 도고와 감사를 하되……"(딤전 2:1), 그리고 아말렉과 싸우고 있는 여호수아를 위한 모세의 모습(출 17:10–11) 등에서 볼 수 있는데, 모두가 타인을 위해, 그가 직면해 있는 현실 가운데 전능하신 하나님의 능력이 나타나기를 구하는 간절함이 드러난다. 이와 같은 중보기도는 영적 전쟁임에 틀림없다. 기도 자체가 사단의 세력에 대항해서 하나님의 능력에 의지한 승리를 위한 믿음의 선포이기 때문이다. 그렇다면 사역자는 영적 전사다. 자신뿐만 아니라, 함께 더불어 공동체를 이루고 있는 이들을 위해 최전방에서 전투에 임하는 전사인 것이다. 그러므로 사역자는 하나님의 전신갑주인 진리의 허리띠, 의의 흉배, 평안의 복음의 신, 믿음의 방패, 구원의 투구, 그리고 성령의 검으로 영적인 무장을 해야 한다. 바울은 하나님의 전신갑주로 무장한 영적 전사로서 끊임없이 기도할 것을 당부하는데(엡 6:18-20), 이처럼 사역자가 하는 중보기도의 지경은 자신을 넘어서, 가정, 교회, 지역사회, 나라, 그리고 세상을 위해 긴급한 기도제목을 중심으로 수행하되, 혼자보다 네트워크를 가지고 팀을 이루어 할 때, 더욱 강력한 기도가 된다.

# 33

평신도 제자훈련교재

## 중보기도란 무엇입니까?

**배울말씀** 출애굽기 17장 8-16절

**도울말씀** 행 12:1-12

**새길말씀** 여호수아가 모세의 말대로 행하여 아말렉과 싸우고 모세와 아론과 훌은 산 꼭대기에 올라가서 모세가 손을 들면 이스라엘이 이기고 손을 내리면 아말렉이 이기더니 (출 17:10-11)

### 이룰 목표

① 중보기도의 의미를 안다.

② 중보기도의 중요성을 깨닫는다.

③ 평신도 사역자로서 중보기도자로 살 것을 다짐하고 실천한다.

### 교육흐름표

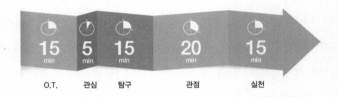

| 15 min | 5 min | 15 min | 20 min | 15 min |
|:---:|:---:|:---:|:---:|:---:|
| O.T. | 관심 | 탐구 | 관점 | 실천 |

### 교육진행표

| 구분 | 오리엔테이션 | 관심갖기 | 탐구하기 | 관점바꾸기 | 실천하기 |
|---|---|---|---|---|---|
| 제목 | | 어느 통신병의 이야기 | 모세의 중보기도 | 중보기도의 중요성 | 우리가 중보기도 자입니다 |
| 내용 | 환영 및 단원 개요 설명 | 중보기도의 의미 | 중보기도의 모범 | 중보기도의 능력 | 중보기도 카드 제작 |
| 방법 | 강의 | 생각 나누기 | 성경 찾아 답하기 | 성경 찾아 답하기 및 생각 나누기 | 지침 따르기 |
| 준비물 | 출석부 | | 성경책 | | 중보기도카드 |
| 시간(70분) | 15분 | 5분 | 15분 | 20분 | 15분 |

*120* 평신도 제자훈련교재

그리스도인의 삶에 있어서 기도생활은 하나님과의 영적인 교제이고 대화이며, 문제해결의 열쇠로서 신앙생활의 핵심을 차지한다. 그 중에서도 중보기도는 자신의 신앙성숙뿐 아니라 다른 형제를 사랑하는 삶을 실천하는 중요한 사역이다. 사무엘은 "나는 너희를 위하여 기도하기를 쉬는 죄를 여호와 앞에 결단코 범치 아니하리라(삼상 12:23)."라고 함으로써 중보기도의 중요성을 강조했다.

### 1. 중보기도의 의미

디모데전서 2장 1절에 바울이 디모데에게 중보기도를 권면하는 말씀이 나온다. "그러므로 내가 첫째로 권하노니 모든 사람을 위하여 간구와 기도와 도고와 감사를 하되…" 여기에 나오는 바울의 권면에 기도의 네 가지 형태가 언급되어 있다. 첫째, '간구(데에세이스)'는 '긴박한 상황에서의 어떤 특별한 성취를 위한 기도'를 말한다. 둘째, '기도(프로슈카스)'는 일반적인 의미로 '하나님을 향한 모든 경건한 아룀'을 뜻한다. 셋째, '도고(엔튝세이스)'는 '다른 사람들을 위해서 간구하는 기도'를 뜻하며, 마지막으로 '감사(유카리스티아스)'는 '하나님의 은총에 대한 감사의 기도'를 뜻한다. 이 중에서 '도고' 즉, '다른 사람을 위해서 하는 기도'가 바로 중보기도이다. 중보기도는 몇 가지 의미를 품고 있는데, 첫째, 중보기도는 하나님과 다른 사람 사이에서 드리는 기도이다(롬 8:34). 중보기도의 영어단어 'intercession'은 이쪽과 저쪽의 가운데 위치하여 서로를 연결시켜 주는 행위를 의미한다. 둘째, 중보기도는 성령 안에서 그 지시를 받아 남을 위해 하는 기도이다(엡 6:18). 따라서 무엇을 위해 기도해야 하는지는 성령께서 친히 기도하는 자들에게 가르치실 것이다. '성령께서 우리의 연약함을 도우신다'(롬 8:26)는 말씀에서 '돕는다'는 단어는 성령께서 '우리와 함께 연약함을 대항하여 물리친다'라는 의미를 가진다. 여기서 중요한 것은 우리와 '함께'라는 것이다. 성령께서는 단지 우리를 위하여 일하시는 것이 아니라 우리와 함께 일하기를 원하신다. 성령이 우리와 함께 하실 때 아무것도 아닌 우리가 모든 것이 될 수 있고, 역동적인 사역을 할 수 있다. 그러므로 중보기도는 '도움을 필요로 하는 사람들을 위해 하나님 앞에 나아가서, 성령의 능력을 의지하여 하나님께 간구하는 행위'라고 정의할 수 있다. 이러한 중보기도는 내 가족과 이웃, 교회, 나라와 민족, 그리고 전 세계를 위해 간구하는 모든 것을 포함한다.

## 2. 중보기도의 중요성

본문에서 이스라엘은 힘으로는 이길 수 없는 아말렉과의 전쟁을 치러야만 하는 큰 위기에 처해 있다. 당시 이스라엘 백성들은 특별한 무기나 갑옷으로 무장하지도 않은 비정규군들이었을 뿐 아니라 전투 경험이 전혀 없는 나약한 자들이었다. 따라서 이런 상태에서 이스라엘 백성들이 강한 아말렉 족속과 전쟁을 하여 승리하는 것은 불가능했다. 이에 모세는 여호수아를 군대장관으로 세워 아말렉과 싸우게 하고 자신은 아론과 훌과 함께 산에 올라가 두 손을 들고 간절히 기도했다. 모세가 손을 든 것은 단순한 행위가 아니라 간절한 기도를 의미한다(11절). 사실 모세는 자신의 손 무게도 감당하지 못하는 연약한 인간이었다(12절). 따라서 아말렉과의 전쟁을 승리로 이끈 것은 모세 자신의 능력이나 여호수아 군대의 힘이 아니라, 모세의 중보기도를 듣고 배후에서 역사하신 하나님의 능력이었다(14절). 전쟁이 승리로 끝난 뒤에 모세는 단을 쌓고 그 이름을 '여호와 닛시'라고 명했다(15절). 이것은 '여호와는 나의 깃발'이란 뜻으로 하나님이 이스라엘 자손들에게 승리를 주시는 분이라는 신앙고백이다. 여기서 '깃발'은 전쟁시 용기와 힘을 북돋워 주고, 동시에 소속 의식을 고취시켜 주는 상징물이다. 모세는 이러한 행위를 통해 하나님께서 이스라엘 백성들로 하여금 승리하게 하셨다는 사실을 믿음으로 고백하였다. 결국 본문의 사건은 연약한 인간이 전능하신 하나님을 자신의 원군으로 만드는 유일하고 최우선적인 방법이 중보기도임을 분명하게 보여 준다.

중보기도의 중요성은 신약성경에서 더욱 강조된다. 바울은 그가 세운 교회의 성도들에게 그 자신을 위해 중보해 달라고 기도 요청을 많이 한다(엡 6:19, 골 4:2-4). 야고보 역시 병든 자를 위해 기도해 줄 것과 의인의 중보기도가 갖는 효력과 능력에 대해 언급하고 있다(약 5:16). 이러한 중보기도는 막연한 기대감이나 막다른 골목에서 사용하는 최후의 수단이 아니라 가장 먼저 사용해야 하는 '최고의 수단'이다. 따라서 중보기도는 평신도 사역의 핵심적인 부분을 차지하며, 보다 능력 있는 사역을 위해 절대적으로 중요하다(전 4:7-12). 또한 중보기도는 성도의 특권이자 의무이다. 성경에서 중보란 하나님과 죄인 된 사람 사이의 관계를 회복하게 하는 것을 의미하는데, 구약에서 이 일은 대제사장의 사역이었다(히 5:1). 그런데 신약에서 예수님께서 이 땅에 오시어 우리의 대제사장이 되시고 성육신과 십자가의 죽음으로 우리의 중보자가 되셨다(딤전 2:5). 뿐만 아니라 하나님은 예수 그리스도의 구속함을 받은 그리스도인들에게도 왕 같은 제사장이 되게 하셨다(벧전 2:9). 따라서 우리가 하나님께 나아가 기도할 수 있는 것 자체가 놀라운 특권이다. 우리가 다른 사람을 위해 중보기도하는 것은 중보자이신 예수님의 이름으로 예수님의 사역을 계승하고 감당하는 일이다.

### 3. 중보기도자로 결단하기

중보기도자가 되기 위해서는 다음과 같은 단계를 거쳐야 한다. 먼저, 소망이 있어야 하고, 이 소망이 결단으로 이어지고, 이에 대한 훈련을 통해서 한 사람의 중보자가 세워지는 것이다. 중보기도는 하나의 기술을 습득하는 것과도 같다. 그것은 배우기가 결코 쉽지 않지만 지속적인 배움과 훈련을 통해 가능하며, 놀라울 정도로 도전을 주는 직무이다. 따라서 중보기도자가 되기 위해서는 중보기도에 대한 지식을 더 높이고 훈련하고 헌신하는 노력이 요구된다.

중보기도는 자신의 삶 전체를 통해 아버지의 마음을 품고 아버지가 바라보는 눈으로 세계 열방과 민족을 바라보며 기도하는 것이다. 우리가 중보자로서 하나님 앞에 선다는 것은 우리의 기도가 응답 받을 때까지 지속적으로 기도하기로 결단했음을 의미한다. 또한 중보기도자는 그가 기도하고 있는 대상과 깊은 일체감을 가져야 한다. 즉, 자신이 중보기도하는 대상의 아픔과 고통, 죄 등을 자신의 것으로 여기고 간절히 기도하는 것이다(느 1:4-6). 예수님의 삶은 이러한 중보자의 진정한 모습을 보여 준다. 예수님은 인류를 위해서 자신을 내어 주기까지 희생하셨고, 지금까지도 변함없이 인간을 중보하고 계신다(히 7:25). 연약한 인간은 주님처럼 다른 사람을 하나님과 화해시키거나 죄를 대신 질 수는 없지만 중보기도의 삶을 통해 우리의 시간과 자원들을 희생하고 우리 자신을 내어 드림으로 하나님께 나아갈 수 있다. 이때 중보기도자는 열린 마음으로 자신이 무엇을 구해야 할지 하나님께 여쭈어 보아야 한다. 왜냐하면 중보기도의 본질이 우리의 필요를 하나님 앞에 구하는 것이 아니라 그분이 기뻐하시는 바를 이루어 드리는 것이기 때문이다. 따라서 우리가 도무지 어떻게 기도해야 할지 알 수 없을 때 하나님의 마음이 무엇인지 귀를 기울이고 주의 깊게 듣는 것은 중보 사역에 있어서 우리가 해야 할 중요한 역할이다. 이 역할을 감당할 때 비로소 우리는 그의 뜻대로 기도할 수 있다(롬 8:26). 하나님은 모든 역사를 계획하시고, 그 계획하신 일을 성취하시는 분이시다. 하지만 하나님은 모세처럼 위급하고 어려운 상황에서 간절히 중보기도할 사람, 또한 '성 무너진 데를 막아서서 나로 멸하지 못하게 할 사람'(겔 22:30)을 찾고 계신다. 그러므로 하나님의 일꾼으로 부름 받은 평신도 사역자는 이러한 하나님의 부르심에 응답하여 우리의 이웃과 나라뿐 아니라 온 열방을 품고 기도하는 중보기도자로 설 것을 결단해야 한다.

아래의 글을 읽고 주어진 질문에 답해 봅시다.

> 　　제2차 세계대전 중에 장렬하게 전사한 독일의 한 통신병의 이야기입니다. 폭풍우가 몰아치는 한 여름 밤, 프랑스와 전쟁 중이던 어느 전선에서 프랑스군에게 완전히 포위된 독일군으로부터 긴급구조를 요청하는 다급한 목소리가 통신 도중에 끊어지고 말았습니다. 통신병이 사고를 조사하다 보니, 전선줄이 잘려 있음을 알게 되었습니다. 잘라진 전선을 이으려고 하니, 1m 가량이 모자랐습니다. 생각다 못한 통신병은, 양쪽의 전선줄을 벗겨서, 자신의 양쪽 손가락에 그 전선줄을 묶고, 자기의 몸을 통하여, 다급한 구조요청이 독일군 본부로 전해지게 했습니다. 그 긴급 무전을 받고, 구조대가 도착하여, 독일군은 무사히 구조되었습니다. 하지만 그 통신병은 감전사로 죽고 말았습니다. 한 손으로는 포위 된 아군의 생사를 넘나드는 절박함을 부둥켜 잡고, 다른 한 손으로는 지원군을 향하여 뻗었던 그 숭고한 통신병의 죽음을 일컬어, 독일 신학계에서는 '중보기도의 전형'이라고 말합니다.

통신병은 위급하고 절박한 상황에서 자신을 희생해서 다른 사람들의 목숨을 살렸습니다. 이 이야기를 통해 생각해 볼 수 있는 중보기도의 의미는 무엇입니까?

중보기도는 다른 사람을 위해 기도하는 것이다. 중보기도는 타인을 위한 거룩한 희생의 기도다.

중보기도란 다른 사람을 위해 하나님께 나아가는 행위다. 디모데전서 2장 1절에 "그러므로 내가 첫째로 권하노니 모든 사람을 위하여 간구와 기도와 도고와 감사를 하되"라고 했는데 여기서 '도고'가 '중보기도'를 의미하고, '나를 위한 기도가 아닌 남을 위해 드리는 기도'를 말한다. 또한 중보기도의 영어단어 'intercession'에서 'inter'는 'between'(사이, 간격)을 뜻하고, 'cession'은 'go(간다)'의 뜻을 가진 라틴어 'cedere'에서 파생된 말이다. 즉, 이쪽과 저쪽의 가운데 위치하여 서로를 연결시켜 주는 행위가 중보기도다. 그래서 중보기도는 '도움을 필요로 하는 사람들을 위해 하나님께 간구하는 행위'라고 정의할 수 있다. 이러한 중보기도는 내 가족과 이웃, 교회, 나라와 민족, 그리고 전 세계를 위해 간구하는 모든 것을 포함한다.

평신도 제자훈련교재
**탐구하기**                                    모세의 중보기도

배울말씀인 출애굽기 17장 8-16절은 이스라엘 백성들이 출애굽한 후 광야를 지나가다가 르비딤에서 아말렉 사람들을 만나 전쟁할 때의 이야기입니다. 읽고 주어진 질문에 답해 봅시다.

1. 이스라엘이 아말렉과 전쟁을 할 때에 여호수아, 모세 그리고 아론과 훌은 각각 무엇을 했습니까? (10-12절)


여호수아는 백성들을 이끌고 아말렉과 싸웠고, 모세는 이스라엘을 위해 간절히 기도했으며 아론과 훌은 모세를 도와 이스라엘이 이기도록 간절하게 중보기도에 힘썼다.


모세가 손을 들고 기도한 것은 의미 없는 단순한 행동이 아니라 간절한 기도의 표현이다. 또한 아론과 훌이 모세의 손을 붙잡아준 것처럼 중보기도는 혼자 하는 것보다 여러 사람들이 모여서 기도할 때 역사하는 힘이 크다(전 4:12).

2. 이스라엘이 아말렉과의 전쟁에서 승리할 수 있었던 가장 중요한 이유는 무엇입니까? (11-13절)

모세와 아론과 훌의 중보기도

여호수아의 팔이 내려가 있는 동안에는 아말렉이 전쟁에서 이겼다(10절). 이 상황을 두고 생각한다면 객관적인 전력으로는 이스라엘이 아말렉 군대에 이길 수 없었음이 분명하다. 손을 들고 기도하는 동안 이스라엘이 승리할 수 있었으며 전쟁이 끝날 때까지 중보기도가 이어졌기에 최후의 승리를 거둘 수 있었다.

3. 전쟁이 끝난 후 모세가 제단을 쌓고 그곳을 무엇이라고 불렀으며, 그 뜻은 무엇입니까? (15절)

여호와 닛시 – 여호와는 나의 깃발

'여호와 닛시'는 '여호와는 나의 깃발'이라는 뜻으로, 하나님이 이스라엘에게 승리를 주시는 분이라는 신앙 고백이다.

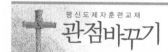

평신도 제자 훈련 교재
관점바꾸기                    중보기도의 중요성

아래의 글을 읽고 주어진 질문에 답해 봅시다.

 어느 날, 어떤 여자 성도들이 9세기의 위대한 부흥사 무디에게 찾아와서 "선생님께서 성령 충만하여 사역하시도록 저희가 기도하고 있습니다."라고 말했습니다. 무디는 얼굴을 찡그리며 "나를 위해 기도하지 말고, 다른 사람을 위해서 기도하세요."라고 조금 거만하게 말했습니다. 그 후에 무디가 휴식 차 영국을 방문하게 되었는데, 마침 어느 교회

에서 무디에게 설교를 부탁했습니다. 그런데 주일 오전에 설교를 하는 동안 무디는 극도의 피곤함과 무력함을 느꼈고, 설교를 수락했던 일을 후회하게 되었습니다. 그리고 저녁시간에도 설교를 또 해야 한다고 생각하니까, 무디의 마음이 더욱 무겁고 괴로워졌습니다. 그런데 그날 저녁예배 시간, 무디는 이상하리만큼 힘이 솟는 것을 느낄 수 있었습니다. 설교를 짧게 한 후에, 결신자 초청을 하자, 무려 500명이 그 초청에 응답하는 일이 일어났습니다. 이렇게 상황이 뒤바뀐 이유가 무엇일까요?

무디가 궁금하여 알아보았더니, 그 내막은 이랬습니다. 그 교회에 두 자매가 있었는데, 언니는 몸이 아파 집에 누워 있었습니다. 주일아침 교회에 다녀 온 동생이 무디가 자신들의 교회에 온 사실을 언니에게 전해 주었습니다. 그러자 언니는 자신이 무디 선생님께서 자신이 다니는 교회에 오셔서 설교하기를 기도해 왔다고 하면서 이렇게 말했습니다. "오늘 무디 선생님께서 우리 교회에서 설교하시는 줄 알았다면, 더 열심히 기도했을 텐데…, 지금부터 오후 내내 금식하며 기도할 거야." 두 자매는 무디 선생님을 위해 간절히 중보기도를 했고, 그날 저녁 무디의 집회에서 놀라운 능력이 나타난 것이었습니다. 무디는 이 이야기를 전해 듣고 중보기도의 능력과 중요성을 깊이 깨닫게 되었습니다. 그리고 중보기도를 거부했던 과거의 일을 회개하였습니다.

1. 중보기도가 그리스도인, 특별히 평신도 사역자에게 중요한 이유는 무엇일까요?

중보기도를 통해 더욱 능력 있는 사역을 할 수 있기 때문이다. 나를 위한 타인의 중보기도로 내가 힘을 얻을 수 있고, 타인을 위한 나의 중보기도가 타인에게 힘이 될 수 있다.

중보기도는 도움이 필요한 사람과 공동체를 위해 하나님께 간구하는 것이다. 특별히 복음을 전하는 일꾼들을 위하여 기도하는 것은 복음으로 신앙의 역사를 이루게 하는 데 절대적인 요소로 작용한다. 바울도 "나를 위하여 담대히 복음을 전할 수 있도록 기도해 주세요."라고 부탁했다. 또한 중보기도는 '기도나 해 볼까?' 하는 막연한 기대감이나 막다른 골목에서 끄집어내는 최후의 수단이 아니라 반드시 해야 하는 것이며, 능력 있는 사역을 위해 언제나 '최대의 수단'이 되어야 한다. 따라서 중보기도는 평신도 사역의 핵심적인 부분을 차지하며, 능력 있는 사역을 하기 위해 절대적으로 중요하다.

2. 하나님은 중보기도 사역자에게 어떤 특권을 부여하셨습니까? (렘 33:3)

부르짖는 기도에 응답하시며 크고 비밀한 일을 알려 주신다.

하나님은 모든 역사를 계획하시는 분이며, 그 계획하신 일을 성취하시는 분이시다. 그리고 하나님은 간절히 기도하는 사람의 기도를 들어 응답하시고 우리가 알지 못하는 크고 비밀한 일을 알려 주시겠다고 약속하셨다. 따라서 우리가 하나님께 나아가 기도할 수 있는 것 자체가 놀라운 특권이다. 사무엘은 "나는 너희를 위하여 기도하기를 쉬는 죄를 여호와 앞에 결단코 범치 아니하나니라(삼상 12:23)."라고 함으로써 중보기도의 중요성을 강조했다.

3. 성경에 있는 다음의 두 이야기를 비교하여 보고, 빈칸에 들어갈 적절한 말을 넣어 봅시다. 그리고 두 이야기의 차이점에 대해서 생각해 봅시다.

| 성경 | | 출애굽기 32:1-14<br>(이스라엘의 금송아지) | | 에스겔 22:23-31<br>(이스라엘의 선지자와 제사장들의 죄) | |
|---|---|---|---|---|---|
| **주요<br>내용** | 당시의<br>모습 | 32:4 | 우상을 만들어서<br>하나님과의 언약을<br>범한 이스라엘 | 22:29 | 하나님의 뜻을<br>따르지 않고<br>악을 행한 이스라엘 |
| | | 아론이 그들의 손에서 금 고리를 받아 부어서 조각칼로 새겨 송아지 형상을 만드니 그들이 말하되 이스라엘아 이는 너희를 애굽 땅에서 인도하여 낸 너희의 신이로다 하는지라 | | 이 땅 백성은 포악하고 강탈을 일삼고 가난하고 궁핍한 자를 압제하고 나그네를 부당하게 학대하였으므로 | |
| | 모습에<br>대한<br>마땅한<br>대가 | 32:10 | 징벌 받기에 마땅함 | 22:31 | 징벌 받기에 마땅함 |
| | | 그런즉 내가 하는 대로 두라 내가 그들에게 진노하여 그들을 진멸하고 너를 큰 나라가 되게 하리라 | | 내가 내 분노를 그들 위에 쏟으며 내 진노의 불로 멸하여 그들 행위대로 그들 머리에 보응하였느니라 주 여호와의 말씀이니라 | |
| | 과정 | 32:11 | 모세의 ( 중보기도 ) | 22:30 | ( 중보기도 )자를<br>찾지 못함 |
| | | 모세가 그의 하나님 여호와께 구하여 이르되 여호와여 어찌하여 그 큰 권능과 강한 손으로 애굽 땅에서 인도하여 내신 주의 백성에게 진노하시나이까 | | 이 땅을 위하여 성을 쌓으며 성 무너진 데를 막아 서서 나로 하여금 멸하지 못하게 할 사람을 내가 그 가운데에서 찾다가 찾지 못하였으므로 | |
| | 결과 | 32:14 | 하나님의 ( 용서 ) | 22:31 | 하나님의 ( 심판 ) |
| | | 여호와께서 뜻을 돌이키사 말씀하신 화를 그 백성에게 내리지 아니하시니라 | | 내가 내 분노를 그들 위에 쏟으며 내 진노의 불로 멸하여 그들 행위대로 그들 머리에 보응하였느니라 주 여호와의 말씀이니라 | |
| **차이점** | | 두 사건에서 이스라엘 백성들은 모두 하나님의 언약을 범하거나 하나님의 뜻대로 살지 않아서 벌을 받게 되었다. 그러나 첫째 사건에서는 모세의 ( 중보기도 )를 통해 하나님께 용서를 받았지만, 두 번째 사건에서는 ( 중보기도 ) 하는 자를 찾지 못하여 결국 하나님의 심판이 임하고 말았다. 이 두 사건을 통해 ( 중보기도 )의 중요성과, 또한 ( 중보기도 )자를 간절히 찾으시는 하나님의 마음을 알 수 있다. | | | |

주어진 성경 본문을 모두가 함께 꼼꼼히 읽어 보도록 하자. 말씀 중에서 선별된 위의 구절들을 바탕으로 두 이야기가 갖는 차이점에 대해서 생각해 보도록 한다. 이스라엘의 금송아지 사건에서는 모세의 중보기도를 통해 벌을 받을 수밖에 없던 이스라엘 백성들이 하나님께 용서를 받았지만, 에스겔서에서는 중보기도하는 사람을 찾지 못하여 하나님의 심판을 받고 만다. 중보기도는 하나님의 사역을 능력 있게 감당하기 위해 절대적으로 필요하다. 중보기도는 사역자의 특권인 동시에 의무이다. 이제는 평신도 사역자로서 나와 내 가족만을 위해 기도하는 이기적인 한계를 벗어나, 더 많은 사람들을 위해 중보하는 기도자가 되어야 한다.

평신도제자훈련교재
**실천하기**                    우리가 중보기도자입니다

다음에 제시된 방법으로 한 주간 동안 중보기도를 실천하도록 합시다. 가능하다면 매주 모임 때마다 이러한 방식으로 끊임없는 중보기도의 삶을 실천하도록 합시다.

## 중보기도 짝 정하기

1) 작은 독서 카드나, 그림 엽서 등을 인원수대로 준비한다.

2) 한 사람 당 한 장씩의 카드를 받아서 각자의 기도 제목을 정성 들여 솔직하게 기록한다.

3) 기록된 카드를 한곳으로 모은 후 각각 자기의 카드가 아닌 다른 카드를 한 장씩 뽑는다. 뽑은 카드가 내가 이번 한 주일 동안 중보기도할 사람의 기도제목이다.

4) 중보기도 하는 동안 카드에 중보기도 한 날짜와 시간을 매일매일 표시한다.

5) 다음 주 모임 때 중보기도를 하면서 받은 느낌이나 은혜를 서로 나누도록 한다.

〈중보기도카드 예시〉

| 이름 | 기도제목 | | | | | | |
|---|---|---|---|---|---|---|---|
| | 1.<br><br>2.<br><br>3. | | | | | | |
| 기도한 날 | 요일 | | | | | | |
| | 시간 | | | | | | |

※ 중보기도는 응답에 대한 확신이 생길 때까지 반복적이고 지속적으로 하는 것이 중요합니다. 짧은 기간 동안에 기도의 응답이 없다고 여겨질지라도 포기하지 말고 끝까지 중보기도에 임합시다.

**성경에 나와 있는 중보기도**

① 예루살렘교회의 중보기도 (행 12:1-12): 헤롯왕이 야고보를 죽이고 베드로를 잡아 옥에 가두었을 때, 마가 다락방에서 여러 사람이 기도함으로 베드로가 감옥에서 풀려났다.
② 아브라함의 중보기도 (창 19:1-29): 하나님이 소돔과 고모라를 불로 심판하실 때, 아브라함의 중보기도로 조카 롯의 가정이 구원을 받았다.
③ 히스기야왕의 중보기도 (대하 30:18-20): 히스기야왕이 유월절의 규례를 어긴 백성들을 위해 중보기도함으로 하나님이 그의 기도를 들으시고 백성을 고치신 사건이다.
④ 엘리야의 중보기도 (약 5:16-17): 3년 6개월 동안 비가 오지 않았을 때 엘리야가 기도함으로 비가 내리고 땅이 열매를 맺게 된 사건이다.

⑤ 에스라의 중보기도 (스 9:6)

⑥ 다니엘의 중보기도 (단 9:4)

⑦ 그리스도의 중보기도 (롬 8:34)

하나님은 지금도 중보기도하는 자를 찾고 계십니다. 또한 하나님은 당신이 하나님의 귀한 사역을 감당하는 사역자로서 다른 사람들을 위해 중보기도하는 특권을 누리며 능력 있게 사역하기를 원하십니다. 이 시간 이러한 하나님의 부르심에 응답하시겠습니까? 그렇다면, 이제 중보기도자로 설 것을 약속하는 결단의 고백을 하나님 앞에 드리십시오.

중보기도가 할 수 없는 일이란 아무것도 없습니다.
여러분은 수중에 강력한 엔진을 갖고 있습니다.
그것을 잘 사용하십시오. 끊임없이 사용하십시오.
지금 믿음으로 사용하십시오.
-찰스 스펄전-

## 새길말씀 외우기

여호수아가 모세의 말대로 행하여 아말렉과 싸우고 모세와 아론과 훌은 산 꼭대기에 올라가서 모세가 손을 들면 이스라엘이 이기고 손을 내리면 아말렉이 이기더니 (출 17:10-11)

## 다함께 드리는 기도

1. 오늘 배운 말씀과 내용을 생각하며 다함께 기도하는 시간을 갖도록 합시다.
2. 오늘 참석한 구성원들을 위해서 이름을 불러 가며 중보의 기도를 합시다.
3. 오늘 참석하지 못한 구성원이 있으면 그 사람을 위해 더욱 뜨거운 마음으로 기도합시다.
4. 한 주간의 삶을 통해서 오늘 배우고 익힌 내용들을 삶으로 살아갈 수 있도록 기도합시다.
5. 하나님의 은혜 가운데서 한 주를 살고, 다음 모임 시간에 모두가 모일 수 있도록 기도합시다.

＊사역자로서 이 과를 마치고 난 느낌이나 소감, 다짐 등을 간단하게 말해 봅시다.

## 다음 모임을 위하여

1. 다음 주에 읽어야 할 성경말씀을 읽고 확인합시다.
2. 34과의 배울말씀인 에베소서 6장 10-20절을 읽고 묵상합시다.

평신도 제자 훈련 교재
# 평가하기

| 평가항목 | 세부사항 | 그렇다 | 그저 그렇다 | 아니다 |
|---|---|---|---|---|
| 인도자의 준비도 | 인도자는 본 과의 교육목적을 이룰 수 있도록 충분하게 준비했습니까? | | | |
| 교육목표의 성취도 | 1. 학습자들은 자신의 잘못된 선입견과 고정관념을 버리고 순수한 마음으로 주님을 만날 준비가 되었습니까?<br>2. 학습자들이 예수에 대하여 지식적으로 아는(know) 단계에서 체험적으로 아는(see) 단계로 발전하고자 결단하게 되었습니까? | | | |
| 학습자의 참여도 | 학습자들이 진지하고 적극적인 태도로 성경공부에 임했습니까? | | | |
| 성경공부의 분위기 | 성경공부를 하는 동안 학습자들이 편안한 분위기를 느낄 수 있었습니까? | | | |
| 기타 보완할 점 | 기타 보완할 점이나 건의사항이 있습니까? | | | |

## 성경 읽기표

| 읽을 범위 | | 월 일<br>주일 | 월 일<br>월요일 | 월 일<br>화요일 | 월 일<br>수요일 | 월 일<br>목요일 | 월 일<br>금요일 | 월 일<br>토요일 |
|---|---|---|---|---|---|---|---|---|
| | 구약 | 주일은 설교말씀 묵상 | 사 13~15장 | 사 16~18장 | 사 19~21장 | 사 22~24장 | 사 25~27장 | 사 28~30장 |
| | 신약 | | 딛 1장 | 딛 2장 | 딛 3장 | 몬 1장 | 히 1장 | 히 2장 |
| 확인 | | | | | | | | |

# 34

평신도 제자훈련교재

## 중보기도는
## 영적전쟁입니다!

**배울말씀** 에베소서 6장 10-20절

**새길말씀** 우리의 씨름은 혈과 육을 상대하는 것이 아니요 통치자들과 권세들과 이 어둠의 세상 주관
자들과 하늘에 있는 악의 영들을 상대함이라 그러므로 하나님의 전신 갑주를 취하라 이는
악한 날에 너희가 능히 대적하고 모든 일을 행한 후에 서기 위함이라 (엡 6:12-13)

### 이룰 목표

① 중보기도와 영적 전투의 관계를 이해하고 영적 전투의 대상과 특성을 파악한다.

② 영적 전투에서 승리하기 위해서는 하나님의 전신갑주로 무장하고 그 능력을 힘입어야 함을 깨닫
는다.

③ 사단과의 영적인 전투에서 승리하기 위한 전략적인 중보기도를 실천한다.

### 교육흐름표

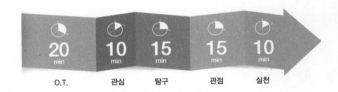

| 20 min | 10 min | 15 min | 15 min | 10 min |
|--------|--------|--------|--------|--------|
| O.T. | 관심 | 탐구 | 관점 | 실천 |

### 교육진행표

| 구분 | 오리엔테이션 | 관심갖기 | 탐구하기 | 관점바꾸기 | 실천하기 |
|------|------------|---------|---------|-----------|---------|
| 제목 | | 천호동의 영적 전투 | 영적 전투 | 전략적중보기도의 4단계 | 영적전투를 위한 특별 (새벽) 기도회 |
| 내용 | 환영 및 개요 설명 | 영적 환경 | 영적 무장 | 중보기도의 실제 | 영적 전투의 실천 |
| 방법 | 강의 | 생각 나누기 | 성경 찾아 답하기 | 강의 | 기도회 참석 |
| 준비물 | 출석부 | | 성경책 | | |
| 시간(70분) | 20분 | 10분 | 15분 | 15분 | 10분 |

## 말씀과 주제이해

바울은 오늘 배울말씀에서 그리스도인의 영적 전쟁에 대해 말한다. 그는 이 세상에서의 그리스도인의 싸움은 궁극적으로 영적인 것임을 밝히고 있다. 따라서 이 전투에서 승리하기 위해서는 하나님의 능력을 힘입는 것이 절대적으로 필요하다.

### 1. 중보기도와 영적 전쟁

영적 전쟁(Spiritual Warfare)은 하나님 나라와 그 나라에서 쫓겨난 사단의 세력과의 전쟁이다(12절). 사단은 예수 그리스도의 십자가의 승리로 이미(already) 패배했지만 아직(not yet) 완전히 멸망하지는 않았다. 따라서 그리스도인들은 삶 속에서 끊임없이 그들과 영적 전쟁을 치러야 한다. 특별히 중보기도자는 영적 전쟁의 최전방에서 싸우는 자이다. 이광림 사모는 자신의 책 『중보기도』에서 "중보기도하지 않는 것은 사단에게 영역을 내어 주고 다스리게끔 포기하는 것이기에 기도 자체가 영적 전쟁이다."라고 했고, 피터 와그너는 『기도는 전투다』라는 책에서 "기도는 영적인 전투이고 세상은 최전선이며 교회는 훈련소다."라고 했다. 그러므로 모든 중보기도자들은 영적 전투에 민감해야 하며, 이 전투에서 승리하기 위해 영적인 능력을 키워야 한다. 악한 영들은 우리로 하여금 허망한 것으로 행하게 하고 무지와 마음이 굳어져 하나님의 생명에서 떠나게 하며 방탕과 더러운 욕심에 감각이 없는 자처럼 행하게 한다(엡 4:17-31). 또한 마귀는 악한 영들을 총 지휘하면서 그리스도인들을 공격한다. 바울은 이러한 마귀의 유혹에 대해 적극적으로 대적하라고 권면한다. '대적하는 것'은 군사 용어로서 적대자에 대해 어떤 자세를 취하는 것을 의미한다. 그러나 인간은 연약한 존재이기 때문에(롬 8:26) 악한 영들 앞에서 쉽게 무너진다. 따라서 마귀의 수많은 유혹과 공격을 이기고 그들과 담대히 맞서서 싸우기 위해서는 주 안에서 하나님의 능력으로 강건해지고 하나님의 전신 갑주를 입어야 한다(10-11절).

한편, 본문에서 '혈과 육'은 유한하고 연약한 인간의 본성을 가리킨다(12절). 그리스도인들이 싸워야 할 적은 이런 연약하고 유한한 인간 본성이 아니라 악한 영적 세력들이다. 우리의 적인 이 악한 세력들은 하나님의 전신갑주를 입은 자들에게는 위협이나 해가 될 수 없으나 그렇지 못한 자들에게는 계속적으로 위험한 존재가 된다. 또한 '정사와 권세'는 영지주의자들이 섬기던 악한 영의 세력을 의미한다(골 2:15). 그리스도께서는 이런 영적 세력들을 이 세상뿐만 아니라 오는 세상에서도 완전히 정복하시고 무릎을 꿇게 하셨다(빌 2:10). '이 어두움의 세상 주관자들'은 이방신이나 로마 황제 혹은 영적 세력을 의미하기도 했다. '이 어두움'은 에베소 교인들이 그리스도를 영접하기 이전에 악이 지배하던 삶을 가리키며(엡 2:2; 5:8) 현세대나 이 세상을 가리키기도 한다(골 1:13). 마지막으로 '하늘에 있는 악의 영들'은 불순종의 아들들을 지배하는 영인 '공중의 권세 잡은 자'를 의미한다(엡 2:2).

## 2. 영적 전사의 무기: 하나님의 전신갑주

'전신갑주'는 싸움에 나아가는 군인이 방어와 공격을 할 수 있는 모든 장비를 가리키는 것으로, 바울은 그 앞에 '하나님의'라는 속격을 사용함으로써 전신갑주가 하나님에게서 오는 것임을 나타낸다. 마귀와 악한 영들과의 영적 전쟁에서 그들을 대적하기 위해 중보기도자가 취해야 할 하나님의 전신갑주는 다음과 같다(14-17절).

첫째, 진리의 허리띠이다. 병사의 허리띠는 옷을 묶는 데 사용되며, 또 허리에 힘을 주는 역할을 해서 병사로 하여금 자신감을 갖게 해 준다. 그런데 영적 전투를 하는 그리스도인의 허리띠는 진리이다. 진리로 허리를 동이라는 말은 우리가 진리에 의해 지배될 때 우리에게 무궁한 힘이 솟아난다는 의미이다. 둘째, 의의 흉배이다. 흉배가 사람의 제 1급소인 가슴을 보호하듯이 그리스도의 피로 말미암아 믿음으로 얻은 의는 불의로부터 위협받는 양심에 대한 가장 근본적인 방어가 되며, 마귀의 모든 공격으로부터 방어할 수 있는 가장 좋은 방어책이다(롬 8:1; 33-34). 셋째, 평안의 복음의 신이다.

신발은 오랜 행군과 활동에 필요하며 기타 장애물로부터 발을 보호한다. 따라서 복음으로 인한 그리스도인의 내적 평안은 세상의 환란과 역경에도 담대하게 하며, 마치 병사가 군화를 신은 것처럼 세상에서 안전하고 자유롭게 활동할 수 있게 해 준다(요 14:27). 넷째, 믿음의 방패이다. 성도들에게 있어서 믿음이야말로 세상의 모든 공격으로부터 자신을 지키는 훌륭한 장비이다. 바울은 '믿음의 방패를 가지고, 모든 화전을 소멸할 수 있다'고 했다(16절). 화전은 전쟁에 쓰이던 불화살로 여기서의 의미는 우리의 양심에 악의 불을 붙이는 세상적인 유혹, 의심, 불순종, 탐욕 등을 말하고, 믿음은 이러한 것들을 무력하게 만들 수 있는 방패이다. 다섯째, 구원의 투구이다. 병사에게 있어서 머리를 보호하는 투구는 매우 중요하다. 영적 군사에게는 구원에 대한 확신이 투구의 역할을 한다. 그래서 구원의 확신이 없는 성도는 투구 없이 전쟁에 임하는 병사와 같아서 신앙생활에 치명타를 입을 수 있다. 여섯째, 성령의 검이다. 검은 적을 공격하는 데 사용되듯이 하나님의 말씀은 영적 군사가 적을 공격하고 무찌르는 데 사용되는 무기이다. 바울은 이것을 '성령의 검'이라고 했다. 왜냐하면 성령의 감동으로 된 말씀은 좌우에 날선 어떤 검보다 예리한 힘과 효과가 있기 때문이다(히 4:12).

### 3. 전략적 중보기도

바울은 결론적으로 하나님의 전신갑주로 무장한 영적 전사로서 끊임없이 기도할 것을 부탁한다(18-20절). 첫째, '무시로 성령 안에서 기도하라'는 것은 성령의 능력 안에서 성령의 도우심으로 기도하는 것을 말하고, 인간의 뜻대로 중언부언하거나 욕심으로 구해서는 안 된다는 뜻을 내포하고 있다. 또한 '무시로'는 '모든 시간에'라는 의미로 항상 기도해야 함을 의미한다(살전 5:17). 둘째, '깨어 있으라'는 것은 예수께서 제자들에게 명령하신 말씀이기도 하다(눅 21:36). 그리스도인들은 사단의 유혹에 넘어가지 않도록 늘 깨어 기도해야 한다(롬 12:12, 골 4:2). 셋째, 바울은 여러 성도들을 위해서 기도할 것과 복음의 비밀을 담대히 전할 수 있도록 자신을 위해서 기도해 줄 것을 부탁한다. 이와 같이 중보기도자는 늘 성령 안에서 깨어 기도하되 다른 사람들과 영적 지도자들을 위해 간절히 기도해야 한다.

　그런데 중보기도자가 사단과의 영적 전쟁에서 그들을 대적하고 승리하기 위해서는 보다 구체적인 기도의 전략이 필요하다. 그것은 바로 어떤 견고한 진(stronghold)도 무너뜨릴 수 있는 하나님의 능력을 의지하고 그 능력으로 사단의 모든 견고한 진을 무너뜨리는 전략적 중보기도이다(고후 10:4-5). 이러한 전략적 중보기도의 제 1단계는 자신 안에 있는 '견고한 진'을 무너뜨리는 것이다. 중보기도자는 먼저 자신 속에 있는 그릇된 성품들과 상처들을 하나님 앞에 솔직히 내어놓고 치유해 주시고 회복시켜 달라고 기도해야 한다. 그렇지 않으면 이것이 계속해서 사단의 공격 대상과 표적물이 된다. 제 2단계는 자신의 가정 안에 있는 견고한 진을 무너뜨리는 것이다. 때때로 사단은 우리 가족에게 들어와 견고한 진을 지어서 시험의 환경으로 몰아가거나 가정 전체를 흔들기도 한다. 그로 인하여 가족 전체의 어려움은 물론 우리의 영성에 치명타를 가하기도 한다. 따라서 중보기도자는 가정 속에 들어온 사단의 견고한 진이 하나님의 강력한 손에 의하여 무너지도록 기도해야 한다. 제 3단계는 자신이 속한 주변 공동체(교회, 직장, 사회, 나라)의 견고한 진이 무너지도록 기도하는 것이다. 사단이 끊임없이 이용하는 대상물과 그로 인해 나타나는 악한 영향력이 근절되고 사탄의 세력이 무너지도록 기도해야 한다. 마지막 제 4단계는 교회가 종교와 이념과 문화의 장막을 넘어 이 세상의 모든 민족과 나라들에게 그리스도의 복음을 전할 수 있도록 기도해야 한다. 즉, 각 종교 배후에 도사리는 사탄의 견고한 진과 그 세력권이 무너지도록 기도하고, 복음이 전파되고 그 안에 있는 선량한 사람들이 구원을 받으며, "여호와를 아는 지식"으로 예배하는 공동체가 세워지도록 기도해야 한다.

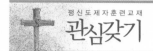
다음은 어느 교회의 집사님이 쓴 중보기도 이야기입니다. 읽고 서로의 생각을 나누어 봅시다.

우리는 지난 5월의 중보기도학교에서 새로운 아이디어를 얻어 기도를 하고 있다. 아직은 중보기도 사역자로 헌신한 지체들이 그리 많지는 않지만, 1차로 '예배를 위한 중보기도회', '땅 밟기 기도운동' 등 다양한 기도운동이 전개되고 있고, 한편으로는 준비를 해 가고 있다.

지난 중보기도학교에서 우리는 '땅 밟기 기도' 이전에 '영적도해(Spiritual Mapping)'를 하였다. 역사적, 지리적, 영적인 연구를 통하여 이전에 무감각하게 사물을 보았던 것들에 대하여 스스로 놀라는 계기가 되었다. 지금까지 우리 교회 주변의 지역을 이렇게 연구하는 시각으로 본 적이 없었던 것 같다. 우리 기독교 문화를 천호동, 강동지역에 어떻게 만들어 나가야 할 것인가 하는 다양한 아이디어가 나왔다. 한 가지 예를 들면, 신석기시대 빗살무늬 토기로 유명한 암사동 지역이 바로 옆에 있는데, 그 지역에 '바윗절터 호상놀이'라는 강동구의 유일한 무형문화재가 있다. 바윗절터가 바로 암사(巖寺)의 유래이고, 거기서 부잣집에서 상을 당했을 때, 발인 이전에 빈 상여를 매고 마당을 밤새도록 돌며 노는 놀이문화였다. 지금 들으면 조금 이상하지만, 이것이 과거의 놀이문화였고, 지금도 연 1회 문화행사로 진행된다고 한다. 어떻게 하면 여기에 기독교 문화를 접목할 수 있을까? 이런 생각들이 새롭게 주변을 들여다보는 시작이었다.

이론적인 연구 이후에 실제적인 그림으로 주변을 그려 보았다. 아군과 적군으로 나눠도 보았다. 아군은 교회가 있는 지역들을 중심으로, 적군지역은 천호동의 유명한 사창가 지역, 룸살롱과 여관 밀집 지역, 이단 종파가 위치한 지역, 점쟁이 집, 무당집 등 밀집지역을 하나하나 분석하면서 우리는 깜짝 놀랐다. 일본 종교집단인 남묘호렌케교가 NGO로 정식 위장해 침투하고 있는 한국SGI센터가 서울에만 23개가 있다고 하는데, 불교의 한 지파로

번듯하게 우리의 생활 속에 자리 잡고 있었다. 우리는 이 지역을 대상으로 땅 밟기 기도를 하였다. 두 팀으로 나누었는데, 한 팀은 천호동 점집 밀집지대와 텍사스촌으로, 다른 한 팀은 이단 종파 밀집 지역과 한국 SGI, 룸살롱 지역으로 갔다. 그런데, 두 팀 모두 돌아올 줄을 몰랐다. 실제로 땅 밟기를 하면서 영적 전투를 하다 보니, 한밤중에 3시간 가까이 걸려서, 새벽 1시가 넘어서야 교회로 돌아올 수 있었다. 다들 놀랐다. 우리가 그 동안 얼마나 영적으로 무지했는지…. 이때부터 교회 옆의 룸살롱들과 여관들을 우리 교회의 교육관으로 달라고 기도하게 되었다. 이 백성이 지식이 없어서 망한다는 말씀이 맞았다. 뭔가 알고 있다고 생각했는데, 헛똑똑이처럼, 그와 같은 형국이었다.

그 이후에 우리는 한 달에 한 번씩 교회 근처에서 한밤중에 땅 밟기 기도를 하기로 하였다. 아직은 시작이지만, 많은 은혜를 기대하며 훈련을 받고 있다. 더 많은 시간이 필요하다. 훈련된 일꾼들이 필요하고, 지원그룹도 더 많이 만들어져야 하며, 헌신된 핵심인재들이 모이길 기도하고 있다.

성경은 '너희 길을 여호와께 맡기라, 저를 의지하면 저가 이루신다'고 하셨다. 하나님의 때에 하나님이 당신의 일을 하신다, 하나님이 일하신다는 확신과 함께 온전함으로 드려지길 소원한다.

C 성결교회 이선상 안수집사

이선상 집사님과 집사님이 섬기는 교회 성도들의 중보기도를 통한 영적전쟁의 이야기를 읽고 어떤 생각이 들었습니까?

각자의 생각을 들어 본다.

중보기도는 단순히 타인을 위해 기도하는 차원을 넘어선다. 중보기도는 영적 승리를 거두기 위한 치열한 영적 전투다. 이 이야기에 등장하는 중보기도팀의 시각으로 세상을 바라본다면 우리의 기도가 필요한 곳이 정말 많이 있다는 것을 다시금 깨닫게 될 것이다.

평신도 제자 훈련 교재
**탐구하기**　　　　　　　　　영적 전투

신앙생활 그 자체가 영적인 싸움입니다. 우리의 싸움은 악한 영들과의 전쟁입니다. 에베소서 6장 10-20절을 읽고 물음에 답하십시오.

1. 영적 전쟁에서 우리가 싸워야 할 대상은 누구입니까? (12절)

　　우리의 씨름은 혈과 육을 상대하는 것이 아니요 통치자들과 권세들과 이 어둠의 세상 주관자들과 하늘에 있는 악의 영들을 상대함이라

　　우리의 전쟁은 혈과 육에 대한 것이 아니라 영적인 존재인 사단과의 전쟁이다. 베드로 사도는 "마귀가 우는 사자 같이 두루 다니며 삼킬 자를 찾나니 너희는 믿음을 굳건하게 하여 그를 대적하라"(벧전 5:8-9)라고 했다. 이러한 마귀에 대적하기 위해서 중보기도자는 주 안에서 성령의 능력으로 강건해지고, 하나님의 전신갑주로 무장해야 한다.

2. 사단의 공격에 대비하여 우리가 무장해야 할 장비들은 무엇입니까? 성경에서 찾아 적어 봅시다. (14-17절)

　　① 머리에 : 구원의 투구
　　② 가슴에 : 의의 호심경(흉배)
　　③ 허리에 : 진리의 허리띠

④ 발에 : 평화의 복음의 신

⑤ 한 손에 : 믿음의 방패

⑥ 또 다른 손에 : 성령의 검, 곧 하나님의 말씀

3. 하나님의 전신갑주로 무장한 중보기도자는 어떻게 영적 전쟁에 임해야 합니까? 성경말씀을 바탕으로 정리해 봅시다. (18절)

> 모든 기도와 간구를 하되 항상 ( 성령 ) 안에서 기도하고 이를 위하여 ( 깨어 ) 구하기를 항상 힘쓰며 ( 여러 성도를 위하여 ) 기도해야 한다.

성경은 기도가 육체적인 힘을 쓰면서 싸우는 것이 아니라, 영적으로 싸우는 전쟁이라고 말한다. 영적 전쟁(Spiritual Warfare)은 하나님 나라와 그 나라에서 쫓겨난 사단의 세력과의 전쟁이다. 사단은 예수 그리스도의 십자가의 승리로 이미 패배했지만 아직 완전히 멸망하지는 않았다. 이 싸움은 사람들에 대한 것이 아니고, 그 배후세력인 보이지 않는 공중권세 잡은 자와의 싸움이다. 모든 중보기도자들은 영적 전쟁에 민감해야 하며, 영적 전투에서 승리하기 위해 하나님의 전신갑주로 무장하고 항상 성령 안에서 깨어 기도해야 한다.

평신도제자훈련교재
**관점바꾸기**　　　　　전략적 중보기도의 4단계

우리의 전쟁은 혈과 육에 대한 것이 아니라 영적인 존재인 사단과의 전쟁입니다. 이 사단은 믿지 않는 자들의 마음을 혼미케 하고(고후 4:3-4), 하나님에게서 멀어지도록 믿는 자들을 공격하며(갈 3:1-2), 죄를 짓도록 인간을 유혹합니다(창 3:1-6). 이러한 사단과의 영적 전쟁에서 승리하기 위한 중보기도는 전략적이어야 합니다.

1. 하나님의 전신갑주로 무장한 군사로서 우리가 사단을 대적하여 이기기 위한 전략은 무엇일까요? 고린도후서 10장 4-5절의 말씀을 읽고 생각해 봅시다.

어떤 견고한 진도 무너뜨리는 하나님의 능력으로 사단의 모든 견고한 진을 무너뜨리고, 그리스도에게 복종하도록 만드는 것이다.

중보기도자는 하나님 사역의 최선봉에 있으며, 영적 전쟁의 한가운데 놓여있다. 따라서 아무리 하나님의 전신갑주로 무장했다 해도 연약한 인간 혼자만의 힘으로는 영적인 존재인 사단과의 싸움에서 승리하기 어렵다. 따라서 중보기도자는 나의 힘으로 되는 것이 아니라 하나님의 능력으로 된다는 사실을 명심하고, 어떤 견고한 진도 무너뜨리는 하나님의 능력을 의지해야 한다.

2. 우리가 무너뜨려야 할 사단의 견고한 진은 무엇입니까? 또한 이 견고한 진을 무너뜨리기 위해 어떻게 중보기도해야 합니까? 아래의 도표는 중보기도를 4단계로 나누어 본 것입니다. 이 도표에 대해서 생각해 보고 빈칸에 들어갈 적절한 단어를 보기에서 골라 채우고 이야기를 나누어 봅시다.

> **보기**
>
> ① 자신 ② 교회, 직장, 사역, 나라 ③ 가정 ④ 이 세상의 모든 민족과 나라

◆전략적 중보기도의 4단계◆

> 1단계: (① 자신) 안에 있는 견고한 진이 무너지도록 기도하라.

▼

> 2단계: 자신의 (③ 가정) 안에 있는 견고한 진이 무너지도록 기도하라.

▼

▼

전략적 중보기도는 위의 4단계로 나눌 수 있다.

제 1단계는 자신 안에 있는 '견고한 진'(strong hold)을 무너뜨리는 것이다. 중보기도자는 먼저 자신 속에 있는 교만, 강포함, 우울함, 분노, 질투, 나약함 등의 그릇된 성품들을 하나님 앞에 솔직히 내어놓고 기도해야 한다. 그렇지 않으면 이것이 계속해서 사단의 공격 대상과 표적물이 되어 성령충만했다가도 공격을 당하면 중보기도자를 무너지게 하는 원인이 된다. 따라서 하나님께서 직접 중보기도자의 연약한 상처와 내면에 감추어진 성격에 임하셔서, 치유의 손길로 어루만져 주시고 회복시켜 달라고 기도해야 한다.

제 2단계는 중보기도자의 가정 안에 있는 견고한 진을 무너뜨리는 것이다. 우리가 속한 가정에는 '기도제목' 그 자체에 해당하는 가족이 있다. 사단은 우리 가족 누구에겐가 들어와 견고한 진을 세워서 시험의 환경으로 몰아가거나 가정 전체를 흔들기도 한다. 그로 인하여 가족 전체의 어려움은 물론 우리의 영성에 치명타를 가하기도 한다. 따라서 중보기도자는 가정 속에 들어온 사단의 견고한 진이 하나님의 강력한 손에 의하여 무너지도록 기도해야 한다.

제 3단계는 자신이 속한 주변 공동체(교회, 직장, 사회, 나라)의 견고한 진이 무너지도록 기도하는 것이다. 사단이 끊임없이 이용하는 대상물을 찾아내고, 그 대상물로 인해 나타나는 악의 영향력이 근절될 뿐 아니라 그 대상물 뒤에 도사리고 있는 사탄의 세력이 무너지도록 기도해야 한다. 예를 들어 사이버 공간의 음란물들은 청소년들에게 잘못된 성문화를 전해 주고 비정상적인 사고를 갖게 하여 건실

한 창조성을 마비시킨다. 이와 관련한 악한 사이트가 무너지는 일이 일어나도록 (시민운동의 발발) 중보할 수 있다.

제 4단계는 교회가 종교와 이념과 문화의 장막을 넘어 이 세상의 모든 민족과 나라들에게 그리스도의 복음을 전할 수 있도록 기도해야 한다. 즉, 각 종교 배후에 도사리는 사단의 견고한 진과 그 세력권이 무너지도록 기도하고 복음이 전파되고 그 안에 있는 선량한 사람들이 구원을 받으며, "여호와를 아는 지식"으로 예배하는 공동체가 세워지도록 기도해야 한다.

영적 전투를 위한 특별 (새벽)기도회

영적 전투인 중보기도에 관해서 생각해 본 이번 한 주간 동안 특별 (새벽)기도회 기간을 갖도록 합시다. 나 스스로와 주변 사람들에게 영적 전쟁을 선포하고, 이에 대적하여 전략적으로 중보기도를 하는 기회를 갖도록 합시다. 가능하면 새벽 기도회로 진행하도록 합시다.

첫째 날 (월) : 내 안에 있는 사단의 견고한 진이 무너지게 하옵소서. (구체적인 기도의 제목을 적어 봅시다.)

_____

둘째 날 (화) : 우리 가정 속에 있는 사단의 견고한 진이 무너지게 하옵소서. (구체적인 기도의 제목을 적어 봅시다.)

_____

셋째 날 (수) : 우리 교회 속에 있는 사단의 견고한 진이 무너지게 하옵소서. (구체적인 기도의 제목을 적어 봅시다.)

_____

넷째 날 (목) : 내가 다니는 직장(동네)에 있는 사단의 견고한 진이 무너지게 하옵소서. (구체적인 기도의 제목을 적어 봅시다.)

_____

다섯째 날 (금) : 우리 사회를 어둡고 타락하게 하는 사단의 견고한 진이 무너지게 하옵소서. (구체적인 기도의 제목을 적어 봅시다.)

_____

여섯째 날 (토) : 우리나라를 묶고 있는 사단의 견고한 진이 무너지게 하옵소서. (구체적인 기도의 제목을 적어 봅시다.)

_____

일곱째 날 (주일) : 하나님을 알지 못하는 이 세상의 모든 민족과 나라에 복음이 전해지고, 그들이 하나님을 예배하게 하옵소서. (구체적인 기도의 제목을 적어 봅시다.)

_____

사단과의 영적 전쟁을 선포하고 한 주간 동안 기도로 승리하게 하심을 감사 드립니다(아멘).

---

### 사단의 견고한 진을 무너뜨리기 위한 전체 중보기도문

(아래 내용은 밀양성결교회의 '밀양시 전체 영혼들을 위한 중보기도문'입니다.)

〈사용방법〉

1. 자신이 중보기도 할 대상(가족, 이웃, 교회, 지역사회, 나라, 전 세계 등)을 아래 빈칸에 넣고 중보, 선포, 축복의 기도를 드린다.
2. 교회 전체가 지역사회나 나라를 위해 중보기도를 할 때에는 매 예배 때마다 전교인이 함께 낭독하며 중보기도 한다.


전체 중보

하나님 아버지!

내가 예수 그리스도의 이름으로 [　　] 의 영혼을 하나님 아버지의 은혜와 능력의 손에 중보하여 올립니다. 하나님께서 받으시고 인치시고 [　　] 를 구원하시고 [　　] 가운데서 이름이 거룩히 여김을 받으옵소서. [　　] 에 임하여서 통치하심으로 이 땅에서 어두움의 영을 묶어 버리시고 [　　] 의 영혼을 풀어 자유케 하시며 저들이 자유한 영이 되어 예수를 믿고 구원을 얻으며 하나님의 사랑과 은혜와 복 주심을 누리게 하시고 하나님을 찬미하는 친 백성을 삼으소서. 저들을 향하신 구원의 뜻을 이루시옵소서.

전체 선포

이제 내가 만왕의 왕이신 예수 그리스도의 이름으로 명하노니 [　　] 에서 어두움의 영은 묶일지어다! 내가 예수 그리스도의 보혈을 [　　] 의 영혼에 뿌리노라. [　　] 은(는) 더 이상 악한 영의 소유가 아니라 예수께서 피 값으로 사서 하나님께 드리신 바 된

영혼들이라. 예수의 이름으로 명하노라! 그들을 내어 놓으라! 그들을 풀어 놓으라! 그
들을 자유케 하라! 할렐루야!

전체 축복
이제 [        ]의 영혼들은 예수의 이름으로 자유케 될지어다! 사단의 매임에서 놓일지
어다! 자유케 되어 예수 믿게 될지어다! 예수 믿고 구원받게 될지어다! 구원받아 하나님
의 사랑과 은혜와 축복을 알게 될지어다! 하나님을 찬미하는 하나님의 친 백성이 될지
어다! 할렐루야! 오! 하나님, [        ]의 구원을 이루실 하나님을 찬양합니다. 할렐루야!
예수님의 이름으로 기도 드립니다. 아멘.

---

**함께 읽어봅시다**   중보기도는 신앙의 파레토 법칙과 같습니다.

파레토의 법칙이 있습니다. 이것은 어느 국가나 나라에서 상위 20%의 사람들이,
그 나라의 경제의 80%를 지배하는 법칙을 말합니다. 마케팅에서는 20%의 우수
한 고객이 80%의 매출을 올린다고 보는 관점입니다. 이와 같이 헌신적으로 기도
하는 20%의 그리스도인들이 나머지 80%의 성도들을 이끌고 그 교회의 분위기를
바꿀 수 있습니다. 이것이 중보기도의 능력입니다.

기도를 그만두는 자는 전투를 포기하는 군인과 같다.
기도는 그리스도인의 전신갑주를 빛나게 만든다.
사단이 보고 떠는 것은 연약한 성도가 꿇는 무릎이다.
-윌리엄 코우퍼(William Cowper)-

## 새길말씀 외우기

우리의 씨름은 혈과 육을 상대하는 것이 아니요 통치자들과 권세들과 이 어둠의 세상 주관자들과 하늘에 있는 악의 영들을 상대함이라 그러므로 하나님의 전신 갑주를 취하라 이는 악한 날에 너희가 능히 대적하고 모든 일을 행한 후에 서기 위함이라 (엡 6:12-13)

## 다함께 드리는 기도

1. 오늘 배운 말씀과 내용을 생각하며 다함께 기도하는 시간을 갖도록 합시다.
2. 오늘 참석한 구성원들을 위해서 이름을 불러 가며 중보의 기도를 합시다.
3. 오늘 참석하지 못한 구성원이 있으면 그 사람을 위해 더욱 뜨거운 마음으로 기도합시다.
4. 한 주간의 삶을 통해서 오늘 배우고 익힌 내용들을 삶으로 살아갈 수 있도록 기도합시다.
5. 하나님의 은혜 가운데서 한 주를 살고, 다음 모임 시간에 모두가 모일 수 있도록 기도합시다.

＊사역자로서 이 과를 마치고 난 느낌이나 소감, 다짐 등을 간단하게 말해 봅시다.

## 다음 모임을 위하여

1. 다음 주에 읽어야 할 성경말씀을 읽고 확인합시다.
2. 35과의 배울말씀인 골로새서 1장 3-12절을 읽고 묵상합시다.

평신도 제자 훈련 교재
## 평가하기

| 평가항목 | 세부사항 | 그렇다 | 그저 그렇다 | 아니다 |
|---|---|---|---|---|
| 인도자의 준비도 | 인도자는 본 과의 교육목적을 이룰 수 있도록 충분하게 준비했습니까? | | | |
| 교육목표의 성취도 | 1. 학습자들은 자신의 잘못된 선입견과 고정관념을 버리고 순수한 마음으로 주님을 만날 준비가 되었습니까?<br>2. 학습자들이 예수에 대하여 지식적으로 아는 (know) 단계에서 체험적으로 아는(see) 단계로 발전하고자 결단하게 되었습니까? | | | |
| 학습자의 참여도 | 학습자들이 진지하고 적극적인 태도로 성경공부에 임했습니까? | | | |
| 성경공부의 분위기 | 성경공부를 하는 동안 학습자들이 편안한 분위기를 느낄 수 있었습니까? | | | |
| 기타 보완할 점 | 기타 보완할 점이나 건의사항이 있습니까? | | | |

## 성경 읽기표

| 읽을 범위 | | 월 일<br>주일 | 월 일<br>월요일 | 월 일<br>화요일 | 월 일<br>수요일 | 월 일<br>목요일 | 월 일<br>금요일 | 월 일<br>토요일 |
|---|---|---|---|---|---|---|---|---|
| | 구약 | 주일은<br>설교말씀<br>묵상 | 사<br>31~33장 | 사<br>34~36장 | 사<br>37~39장 | 사<br>40~42장 | 사<br>43~45장 | 사<br>46~48장 |
| | 신약 | | 히 3장 | 히 4장 | 히 5장 | 히 6장 | 히 7장 | 히 8장 |
| 확인 | | | | | | | | |

# MEMO

# 35 중보기도의 방법과 자세

평신도 제자훈련교재

**배울말씀** 골로새서 1장 3-12절

**도울말씀** 창 18:16-23

**새길말씀** 이로써 우리도 듣던 날부터 너희를 위하여 기도하기를 그치지 아니하고 구하노니
너희로 하여금 모든 신령한 지혜와 총명에 하나님의 뜻을 아는 것으로 채우게 하시고
(골 1:9)

## 이룰 목표

① 중보기도자가 가져야 할 올바른 태도와 여러 가지 중보기도의 방법에 대해서 안다.

② 중보기도자의 잘못된 태도를 깨닫고, 자신의 잘못된 모습을 고백하고 반성한다.

③ 중보기도 팀 사역의 중요성을 깨닫고 중보기도 그룹에 참여한다.

## 교육흐름표

| 15 min | 10 min | 20 min | 15 min | 20 min |
|:---:|:---:|:---:|:---:|:---:|
| O.T. | 관심 | 탐구 | 관점 | 실천 |

## 교육진행표

| 구분 | 오리엔테이션 | 관심갖기 | 탐구하기 | 관점바꾸기 | 실천하기 |
|---|---|---|---|---|---|
| 제목 | | 백정놈과 지서방의 차이 | 중보기도자 아브라함과 바울 | 나를 넘어 우리가 되기 | 영적지도 그리기를 통한 그룹 중보기도 |
| 내용 | 환영 및 개요 설명 | 중보의 관점 | 중보기도의 태도 | 중보기도자의 자기성찰 | 영적진단 및 중보기도 |
| 방법 | 강의 | 생각 나누기 | 성경 찾아 답하기 | 성경 찾기 및 생각 나누기 | 영적지도 그리기 |
| 준비물 | 출석부 | | 성경책 | | 그리기도구 |
| 시간(80분) | 15분 | 10분 | 20분 | 15분 | 20분 |

**말씀과 주제이해**

중보기도 사역에 있어서 간과해서는 안 되는 것이 바로 중보기도자의 태도와 중보기도의 방법이다. 본 과에서는 사도 바울과 아브라함을 통해 중보기도자의 올바른 태도를 배우고, 다양한 중보기도의 방법들을 소개한다. 또한 이와 함께 중보기도의 팀 사역을 통해 다양한 중보기도의 방법들을 적용해 보도록 한다.

### 1. 중보기도의 태도와 마음가짐

태도와 마음가짐이 달라지면 그 결과도 달라진다. 따라서 어떤 일을 할 때 그 사람의 마음가짐과 태도가 매우 중요하다. 중보기도도 마찬가지다. 중보기도자의 마음가짐과 태도에 따라서 그 중보기도의 성패가 달라진다.

첫째, 바울의 중보기도다(골 1:3-12). 바울은 모든 교회에 편지할 때마다 영적으로 그 교회에 가장 필요한 것을 권면하였고 또 그것을 위해 기도했다. 당시 골로새는 소아시아의 주요 무역로에 위치한 까닭에 잘못된 철학, 유대적 율법주의, 천사숭배의 신비주의, 금욕주의 등의 이교 사상에 노출되어 있었다. 따라서 그들에게는 무엇보다도 하나님의 참뜻을 분별할 줄 아는 지식이 필요했다. 이에 바울은 먼저 그들이 지식 있고 총명한 그리스도인들이 되기를 기도했다(9절). '신령한 지혜와 총명'은 '성령께서 주시는 모든 지혜와 판단력'을 의미하며, 이것을 통해 하나님의 뜻을 온전히 깨달아 알 뿐 아니라 '주께 합당히 행하는 삶'을 살 수 있다. 주께 합당히 행하는 삶은 '주를 기쁘시게 하는 것'과 '선한 일에 열매를 맺는 것', 그리고 '하나님을 아는 것에 자라는 것'으로 나타난다(10절). 바울은 또한 그들이 하나님의 능력으로 강건하게 되기를 기도했다(11절). 모든 능력으로 능하게 된다는 것은 하나님이 주신 능력으로 모든 선한 일을 할 뿐 아니라 어떤 시험과 유혹에도 넘어지지 않는다는 말이다(빌 4:13). 마지막으로 바울은 그들이 모든 고통과 곤란에 직면했을 때 오래 참고 견뎌내며 성도의 기업을 얻게 하신 하나님께 감사하게 되기를 기도했다. 이와 같이 바울의 기도에는 골로새 성도들을 향한 감사와 축복, 그리고 영적인 성숙을 바라는 소망이 담겨 있다. 그러므로 중보기도자는 타인의 현재 상태와 영적인 필요가 무엇인지 정확하게 인식하고 기도하되, 영적인 축복과 영적인 성숙을 위해 지속적으로 기도해 주어야 한다. 그리하여 내가 기도하는 상대가 하나님의 뜻을 발견하고 그 뜻에 순종하며 풍성한 믿음의 열매를 맺도록 기도하는 것이 올바른 중보기도의 자세다.

둘째, 아브라함의 중보기도이다(창 18:22-33). 소돔성을 위해 기도하는 아브라함에게서 발견할 수 있는 중보기도자의 태도는 바로 '담대함'과 '겸손함'이다(23, 27절). 하나님께 소돔과 고모라의 멸망 소식을 들은 아브라함은 하나님 앞에 담대하게 나아가서 기도했고, 간절하고 끈질긴 아브라함의 기도에 하나님께서 응답해 주셨다. 이렇듯 아브라함이 담대하게 기도할 수 있었던 것은 그가 하나님에 대한 믿음과 영혼에 대한 사랑을 품고 있었기 때문이다. 이와 같이 최악의 곳에서도 담대하게 최선의 것을 기대하는 것이 중보기도자에게 합당한 태도이다. 또한 하나님의 사랑과 공의를 통찰할 줄 알았던 아브라함은 먼지에서 시작하여 한 줌의 재로 사라지고 마는 자신의 존재(창 3:19)에 대해서도 정확히 인지하고 있었다. 따라서 아브라함은 하나님 앞에서 자신이 티끌 같은 존재임을 겸손하게 고백했다(27절). 이는 단순한 겸손의 표현이 아니라 하나님 앞에서 자신의 실존을 정확히 파악한 진솔한 신앙 고백이다(롬 9:21-23). 하나님은 "거만한 자를 비웃으시며 겸손한 자에게 은혜를 베푸시는"(잠 3:34) 분이다. 따라서 어느 누구도 이 고백 없이 중보기도의 자리에 설 수 없다.

## 2 중보기도의 방법
중보기도는 그 목적에 따라 다양한 형태의 중보기도 방법을 선택하여 사용하는 것이 효과적이다. 보다 효과적이고 능력 있는 중보기도를 드리기 위해 다음과 같은 방법들을 사용할 수 있다.

첫째, 제목기도의 방법이다. 기도제목이 없으면 기도생활에 헌신할 동기

부여가 약화된다. 순번을 정해 놓고 릴레이로 기도 드리는 사역이 제목기도의 형태이다. 이러한 기도를 드릴 때는 기도제목이 더욱 구체적일 필요가 있다.

둘째, 기도합주회의 방법이다. 데이빗 브라이언트가 제시하는 기도합주회의 형식은 다음과 같다. '찬양-준비-헌신-교회의 성령충만과 영적 각성을 위한 기도-모든 족속에 대한 선교 및 지상명령 성취를 구하는 기도-간증-마무리.' 기도합주회는 영적 각성과 세계선교를 위해 기도한다는 점에서 고차원적인 중보기도의 방법이다.

셋째, 파장형기도(Ripple Prayer)의 방법이다. 이것은 돌을 물에 던지면 물결이 점차 넓게 퍼지는 것처럼 기도의 영역을 넓혀 가면서 순차적으로 기도하는 것을 말한다. 즉, 자기 자신에서 가족, 공동체, 이웃, 지역사회, 나라와 민족, 세계를 품어가는 기도 방법이다.

넷째, 클러스터(cluster)기도다. 이것은 오순절에 마가의 다락방에서 이루어졌던 기도처럼 두세 사람이 모여서 간절하게 부르짖는 기도의 방법이다. "너희 중에 두 사람이 땅에서 합심하여 무엇이든지 구하면 하늘에 계신 내 아버지께서 저희를 위하여 이루게 하시리라(마 18:19)."는 말씀처럼 혼자서 하는 개인 기도보다 여럿이 함께 모여 중보기도하는 것이 훨씬 효과적이다.

### 3. 중보기도와 팀 사역

중보기도에 있어서 중요한 것 중 한 가지는 여럿이 모여 함께 기도하는 연합 사역의 필요성이다. 교회 역사상 합심기도 없이 위대한 영적 각성이 일어난 적은 단 한 번도 없었다. 하나님 나라를 세우려고 하다 보면 언제나 교회를 분열시키고 복음전파를 방해하는 악한 세력이 존재하기 마련이다. 이에 대처할 수 있는 중보기도자들의 가장 강력한 해결책은 한마음으로 하나님께 기도하는 것이다. 그럴 때 영적 지진이 일어나게 되고 성령 충만을 받아 담대히 하나님의 말씀을 전하게 된다(행 4:31).

다음 이야기를 읽고 질문에 답해 봅시다.

> 옛날 한 마을에 지석돌이라는 백정이 있었습니다. 어느덧 나이가 들어 환갑이 지난 노인이 되었지만 백정이라는 신분 때문에 사람들에게 천대 받기는 마찬가지였습니다. 그가 저자거리에서 푸줏간을 하고 있던 어느 날, 젊은 선비 두 사람이 고기를 사러 들어왔습니다.
>
> 한 선비는 큰 소리로 "백정 석돌아, 고기 한 근만 주어라."라고 말했습니다. 그러자 푸줏간 주인은 "알았습니다요." 하면서 고기를 꺼내 아무렇게나 대충 잘라 주었습니다. 또 다른 선비는 "지서방, 나도 고기 한 근 주시게." 라고 점잖게 말했습니다. 그러자 푸줏간 주인은 "예, 조금만 기다리시지요." 하더니 고기를 꺼내 제일 좋은 부위를 큼지막하게 잘라 주었습니다. 이를 본 첫 번째 선비가 화가 나서 눈을 부라리며 따졌습니다.
>
> "야, 이놈아, 똑같은 한 근인데 왜 이 사람은 양이 많고 내 것은 적으냐?"
>
> 그러자 푸줏간 주인이 태연스레 대답했습니다.
>
> "예, 선비님의 고기는 백정 놈이 자른 것이고, 이분의 고기는 지서방이 자른 것이니까 다를 수밖에요."

위의 이야기가 의미하는 것은 무엇일까요?

어떤 태도와 마음가짐으로 상대를 대하느냐에 따라 반응이나 결과가 달라진다.

이 이야기의 의미를 중보기도와 연관시켜 생각해 본다면 중보기도에 대해서 우리는 어떤 깨달음을 얻을 수 있을까요?

사물이나 사람을 어떻게 대하느냐에 따라 그 결과나 반응이 달라지듯이 중보기도자에게 있어서도 기도에 임하는 태도나 중보 대상자를 대하는 태도에 따라 그 기도의 영향력이 달라질 수 있다.

중보기도에 임하는 사람의 태도와 마음가짐뿐만 아니라, 중보기도 대상자를 생각하는 마음, 기도를 들으실 하나님에 대한 마음의 자세와 태도가 매우 중요하다.

 중보기도자 아브라함과 바울

중보기도에 임하는 중보기도자의 태도와 중보기도 대상자를 생각하고 대하는 태도는 매우 중요합니다. 우리는 성경에 나오는 믿음의 사람들에게 중보기도자의 태도를 배울 수 있습니다. 그 중 아브라함과 바울에게서 중보기도자의 올바른 태도와 자세를 배워 봅시다.

배울말씀인 골로새서 1장 3-12절을 읽고 질문에 답해 봅시다.

1. 사도바울이 골로새 성도들을 위하여 중보기도한 내용들은 어떤 것입니까? 본문을 읽고 적절한 단어를 빈칸에 채워 봅시다. (9-12절)

> ① 9,10절 : ( 지혜 )있고 ( 총명 )한 성도들이 되기를 기도함.
>
> ② 10절 : 모든 ( 선한 일 )에 열매를 맺기를 기도함(10절).
>
> ③ 11절 : ( 능력 ) 있고, 어려운 환경과 고난에도 ( 오래 참는 ) 성도들이 되기를 기도함(11절).
>
> ④ 12절 : 하나님께 ( 감사 )할 줄 아는 성도들이 되기를 기도함(12절).

골로새 교회에 이단이 침투했다는 보고를 받은 바울은 로마의 옥중에서 이 편지를 썼다. 당시 골로새는 소아시아의 주요 무역로에 위치한 까닭에 이교 사상에 쉽게 노출되어 있었다. 이에 바울은 골로새 교회에 널리 확산되어 있는 잘못된 철학, 유대적 율법주의, 천사숭배의 신비주의, 금욕주의 등의 이교사상을 불식시키기 위해 하나님을 바로 알아서, 주께 합당한 삶을 살고, 감사를 드리도록 권면하며 이러한 마음으로 그들을 위해 중보기도했다.

2. 본문을 통해 배울 수 있는 중보기도자의 태도는 어떤 것입니까? 주어진 구절을 바탕으로 생각해 봅시다.

---

① 3절 : 기도할 때마다 하나님께 감사한다.
② 9절 : 중보기도를 그치지 않는다.

---

사도바울은 골로새 성도들을 위해 기도할 때마다 감사했고(3절), 기도를 그치지 않고 지속적으로 중보했다(9절). 바울의 중보기도에는 골로새 성도들을 향한 감사와 축복, 그리고 영적인 성숙을 바라는 소망이 담겨 있다. 이를 통해 중보기도자는 타인의 현재 상태와 영적인 필요가 무엇인지 정확하게 인식하고 지속적으로 기도하되, 영적인 축복과 영적인 성숙을 위해 기도해 주어야 함을 배울 수 있다. 내가 기도하는 상대가 하나님의 뜻을 발견하고 그 뜻에 순종하며 풍성한 믿음의 열매를 맺도록 기도하는 것이 올바른 중보기도의 자세다.

창세기 18장 16-33절을 읽고 질문에 답해 봅시다.

3. 소돔성을 위해 기도하는 아브라함에게서 발견할 수 있는 중보기도자의 태도는 무엇이라고 생각합니까?

간절함과 겸손

아브라함은 소돔을 멸하시려는 하나님을 두고 몇 차례나 요구하는 인원을 줄여가며 기도하였다. 자신이 제시하는 수만큼의 의인을 찾기가 불가능해 보이자 포기하지 않고 하나님께 간절하게 매달렸다. 또한 이 기도 중에 '나는 티끌이나 재와 같사오나 감히'(27절) '내 주여 노하지 마시옵고 말씀하게 하옵소서'(30절) 등의 표현처럼 겸손하고 낮은 자의 마음을 잊지 않고 있었다. 하나님은 "거만한 자를 비웃으시며 겸손한 자에게 은혜를 베푸시는"(잠 3:34) 분이다. 그러므로 자신의 연약함을 깨닫고 하나님께 대한 믿음을 가지는 것이 모든 중보자에게 필요한 태도다.

---

**함께 읽어봅시다**    중보기도자가 가져야 할 3가지 요소

20세기 초 세계적인 중보기도자로 널리 알려졌던 영국의 리즈 하월즈(Rees Howells)가 중보기도자가 공통적으로 가져야 할 3가지 요소를 다음과 같이 소개했다.
1) 동화(Assimilation): 자신이 중보기도하는 사람들과 같아지는 것
2) 고통(Suffering): 그리스도와 함께 십자가에 못 박히는 성결과 순종의 삶
3) 권위(Athority): 구한 것은 반드시 응답 받는다는 확신의 자리에 서는 것

---

4. 다음은 기도할 때 버려야 할 태도들에 대해서 가르쳐 주고 있는 성경말씀입니다. 주어진 말씀을 읽고 관련이 있는 단어를 보기에서 찾아 적어 봅시다.

> **보기**
>
> 정욕    의심    낙심    중언부언    외식

① 민수기 23장 19절 – ( 의심 )
하나님은 사람이 아니시니 거짓말을 하지 않으시고 인생이 아니시니 후회가 없으시도다 어찌 그 말씀하신 바를 행하지 않으시며 하신 말씀을 실행하지 않으시랴

② 디모데후서 1장 7절 - ( 낙심 )
하나님이 우리에게 주신 것은 두려워하는 마음이 아니요 오직 능력과 사랑과 절제하는
마음이니

③ 마태복음 6장 5절 - ( 외식 )
또 너희는 기도할 때에 외식하는 자와 같이 하지 말라 그들은 사람에게 보이려고 회당과
큰 거리 어귀에 서서 기도하기를 좋아하느니라 내가 진실로 너희에게 이르노니 그들은
자기 상을 이미 받았느니라

④ 마태복음 6장 7절 - ( 중언부언 )
또 기도할 때에 이방인과 같이 중언부언하지 말라 그들은 말을 많이 하여야 들으실 줄 생
각하느니라

⑤ 야고보서 4장 3절 - ( 정욕 )
구하여도 받지 못함은 정욕으로 쓰려고 잘못 구하기 때문이라

중보기도할 때 버려야 할 태도들에 대한 구절들이다. 일반적으로 기도해야 할 때
버려야 할 내용들과 크게 차이가 있지는 않을 것이다. 그러나 자신을 위한 기도가
아닌 타인을 위한 기도이기에 하나님께서 기뻐하실 바른 자세와 마음가짐이 더욱
필요하다. 의심하는 기도는 하나님께 대한 불신앙을 나타낸다. 쉽게 포기하는 낙
심도 버려야 할 자세다. 하나님께서 우리에게 주신 마음은 두려움이 아니라 능력
과 사랑과 근신함이다. 중언부언하는 기도는 말을 많이 해야만 하나님이 들으시
는 줄로 착각하거나, 응답에 대한 확신이 없는 태도다. 외식하는 기도란 겉과 속이
다른 기도이며, 하나님보다 사람을 의식하며 행하는 기도다. 기도는 사람이 아니
라 하나님께 드리는 것이므로 외적인 모습보다 내면의 자세가 더 중요하다. 정욕
은 기도의 목적을 자신의 유익에 두는 자세다. 그 목적이 하나님의 영광이 아닌 세
속적인 욕심과 이기심에서 비롯된 기도는 잘못된 것이다.

# 중보기도의 여러 방법들

## ① 클러스터(cluster)기도

오순절에 마가의 다락방에서 이루어졌던 기도처럼 두세 사람이 모여서 간절하게 부르짖는 기도이다. "너희 중에 두 사람이 땅에서 합심하여 무엇이든지 구하면 하늘에 계신 내 아버지께서 저희를 위하여 이루게 하시리라."(마18:19)는 말씀처럼 개인 기도보다 훨씬 효과적이다.

## ② 기도합주회

데이빗 브라이언트가 제시하는 기도합주회의 형식은 다음과 같다. '찬양-준비-헌신-교회의 성령충만과 영적 각성을 위한 기도-모든 족속에 대한 선교 및 지상명령 성취를 구하는 기도-간증-마무리.' 기도합주회는 영적 각성과 세계선교를 위해 기도한다는 점에서 고차원적인 중보기도의 방법이다.

## ③ 파장형기도(Ripple Prayer)

파장형기도는 돌을 물에 던지면 물결이 점차 넓게 퍼지는 것처럼 기도의 영역을 넓혀가면서 순차적으로 기도하는 것을 말한다. 즉, 자기 자신에서 가족, 공동체, 이웃, 지역사회, 나라와 민족, 세계를 품어가는 기도방법이다.

## ④ 제목기도

기도제목이 없다면 기도생활에 헌신할 동기부여가 약화된다. 따라서 순번을 정해 놓고 릴레이로 기도 드리는 사역이 제목기도의 형태이다. 이러한 기도를 할 때는 기도제목이 더욱 구체적일 필요가 있다.

## ⑤ 깃발기도(Banner Prayer)

깃발기도는 기도제목을 깃발로 만들어서 그 깃발 주위에 모여서 집중적으로 합심기도를 드리는 형태이다. 깃발기도는 다음과 같은 방법으로 운영될 수 있다. 첫째, 필요한 수만큼 깃발을 제작해 성전 군데군데 세워 놓는다. 둘째, 기도의 마음 문이 열리도록 찬양시간을 갖는다. 셋째, 성령의 기름 부으심을 위해 기도한다. 넷째, 참석자들이 깃발을 돌며 3-5분씩 기도한다. 다섯째, 깃발 기도가 끝난 후 영적 전쟁과 연합을 위해 기도한다. 여섯째, 서로 축복하고 감사와 찬양의 기도를 드린다.

평신도제자훈련교재
**관점바꾸기**　　　　나를 넘어 우리가 되기

중보기도자로서 온전한 태도와 자세를 갖는다는 것은 쉬운 일이 아닙니다. 따라서 하나님께서 기뻐하시는 중보기도자가 되기 위해 중보자 스스로 늘 자신을 돌아보고 거룩한 삶을 살도록 노력해야 하며, 중보기도에 대한 훈련의 깊이를 더해 가야 합니다. 그런데 중보기도자가 잘못된 중보기도의 자세를 갖게 되는 것에는 때때로 중보자 내부에 있는 문제가 원인이 될 수 있습니다. 따라서 올바른 중보기도자가 되기 위해서는 먼저 자신의 문제점을 알고, 그로 인한 잘못된 자세를 바로잡아야 합니다.

1. 중보기도에 대한 잘못된 태도나 방법을 바로잡기 위해 해결해야 될 내면의 문제는 무엇입니까? 표 왼쪽에 있는 내용은 문제의 범주입니다. 주어진 성경말씀을 찾아 오른쪽의 관계가 있는 단어와 선으로 연결해 봅시다.

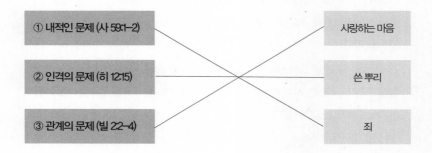

　① 내적인 문제–죄: 죄는 하나님과의 관계를 가로막는 가장 큰 장애물이다. 죄의 문제를 해결하지 못한 사람은 다른 사람을 위해 기도하거나 악의 세력과 맞서서 당당하게 대적할 수 없다. 따라서 올바른 중보기도자가 되려면 먼저 하나님 앞에서 자신의 죄의 문제를 해결해야 한다.

② 인격의 문제—쓴 뿌리: 많은 중보자들이 자신의 내면에 있는 마음의 상처 때문에 다른 사람을 위해 온전히 기도하지 못하거나 잘못 기도한다. 이러한 쓴 뿌리가 치유되어야만 하나님의 뜻을 따라 올바르게 기도할 수 있다.

③ 관계의 문제—사랑하는 마음: 다른 사람을 위해 중보기도하는 가장 본질적인 동기는 사랑이어야 한다. 사랑이 없는 사람은 쉽게 다른 사람을 정죄하거나 교만해지고, 잘못된 방향으로 기도할 수 있다.

2. 위의 문제들 때문에 중보기도할 때 걸림돌이 되거나 잘못된 태도나 자세를 가졌던 적이 있습니까? 각자의 경험을 고백하고 반성해 봅시다.

각자의 이야기를 들어 본다.

자신 안의 문제를 해결하고 올바른 중보기도의 자세와 방법을 배운 중보기도자들은 개인적인 차원에서 중보기도를 드리는 것에만 머물러 있어서는 안 된다. 지도자는 개인적 차원의 기도를 넘어서서 조직적이고 그룹적인 차원의 중보기도의 사역에 참여함으로써 보다 적극적이고 능력 있는 사역자로 양육되어야 한다. 이 질문을 통해 우리가 가지고 있는 문제를 점검하고 더욱 성숙한 신앙인이자 평신도 사역자로 나설 수 있는 기회를 마련하도록 한다.

3. 다음 성경구절의 빈칸에 맞는 말을 찾아 쓰고, 중보기도 사역에 대한 주님의 뜻을 생각해 보십시오.

---

( 두 사람 )이 ( 한 사람 )보다 나음은 그들이 ( 수고함 )으로 ( 좋은 상 )을 얻을 것임이라 (전 4:9)

( 한 사람 )이면 패하겠거니와 ( 두 사람 )이면 맞설 수 있나니 ( 세 겹줄 )은 쉽게 끊어지지 아니하느니라 (전 4:12)

---

> 진실로 다시 너희에게 이르노니 너희 중의 두 사람이 땅에서 ( 합심 )하여
> 무엇이든지 구하면 하늘에 계신 내 아버지께서 ( 그들을 위하여 ) 이루게
> 하시리라 (마 18:19)

**기도는 혼자서 할 때보다 여럿이 함께할 때 더 큰 힘을 발휘한다.**

교회 역사상 합심기도 없이 위대한 영적 각성이 일어난 적은 단 한 번도 없다. 하나님 나라를 세우려고 하다 보면 언제나 교회를 분열시키고 복음전파를 방해하는 악한 세력이 존재하기 마련이다. 이에 대처할 수 있는 중보기도자들의 가장 강력한 해결책은 한마음으로 하나님께 기도하는 것이다. 그럴 때 영적 지진이 일어나게 되고 성령 충만을 받아 담대히 하나님의 말씀을 전하게 된다(행 4:31).

## 실천하기 | 영적 지도 그리기를 통한 그룹 중보기도

예수님께서 당신을 중보기도자로 부르신 것은 결렬된 틈을 막아서는 자로, 영적인 파수꾼으로 부르신 것입니다. 또한 사단과의 영적 전쟁의 한가운데서 사단을 대적하고 무너뜨리는 하나님의 군사로 부르신 것입니다. 그곳에서 문제를 해결하고, 하나님의 능력으로 사단을 대적하고 결박할 수 있는 것은 중보기도를 통해서입니다. 그런데 이 중보기도는 혼자서 할 때보다 여럿이 함께할 때 더 큰 힘을 발휘합니다. 중보기도는 또한 여러 가지 악기로 조화롭게 연주하는 영적인 심포니(spiritual symphony)입니다. 한두 개의 악기보다 여러 가지 악기로 조화롭게 소리를 낼 때 더 아름다운 연주를 하는 것처럼 중보기도도 연합과 일치가 중요합니다(마 18:19). 따라서 중보기도자는 한마음 한뜻으로 서로 연합하고, 합심하여 기도함으로 보다 효과적이고 힘 있는 중보기도 사역을 이루어 나가야 합니다.

아래에 주어진 활동 자료를 바탕으로 우리 가정이나 주변 지역에 대해 '영적 지도'를 그리고 그 지도를 바탕으로 함께 기도합시다.

## 영적 지도 그리기를 통한 기도 방법

영적 지도 그리기(spiritual mapping)는 내 주변 관계나 지역, 그리고 단체를 위한 구체적인 기도제목을 정하는 것을 말한다.

① 내 주변 관계나 지역에 대한 영적인 문제점들을 확인한다. 이때 지역의 역사를 기록한 문헌을 통해 그 지역에서 행해진 범죄들을 참고할 수 있다.

② 각자 그려 온 영적 지도를 설명한다.

③ 영적 지도 작성을 한 뒤에는 동일성 회개(identicational repentance)의 시간을 갖는다. 동일성 회개는 어떤 공동체나 지역 사람들의 죄를 자신의 죄로 인정하여 회개하는 것을 의미한다.

④ 동일성 회개 기도 후 2-3명, 혹은 4-5명씩 소그룹을 만들고, 각자 그룹별로 주어진 영적 지도를 펴 놓고, 함께 손을 잡고 악한 세력을 대적하는 중보기도의 시간을 갖는다.

⑤ 참여자들 중 중보기도 모임이나 그룹에 참여하지 않는 사람들이 있는지 알아보고, 지속적인 중보기도 모임을 만든다(기존에 만들어진 중보기도 모임이 있으면 그곳에 들어가도록 해도 좋다).

⑥ 이때, 자연스런 대화를 통해 서로의 기도제목을 나누며 중보기도에 참여할 수 있는 기회를 만들도록 하며, 자신에게 적합한 기도방식을 선택할 수 있도록 서로 격려해야 한다. 그리고 적어도 일주일에 한 번 이상 동역자들이 함께 모여서 중보기도하고 서로의 기도 생활을 유지하도록 해야 한다.

> 이 세상에서 가장 위대한 사람들은
> 기도하는 사람들이다.
> 이 말은 기도에 대해 '말하는 자'들을
> 두고 하는 말이 아니다.
> -쉘든 고든(Sheldon Gordon)-

## 새길말씀 외우기

이로써 우리도 듣던 날부터 너희를 위하여 기도하기를 그치지 아니하고 구하노니 너희로 하여금 모든 신령한 지혜와 총명에 하나님의 뜻을 아는 것으로 채우게 하시고 (골 1:9)

## 다함께 드리는 기도

1. 오늘 배운 말씀과 내용을 생각하며 다함께 기도하는 시간을 갖도록 합시다.
2. 오늘 참석한 구성원들을 위해서 이름을 불러 가며 중보의 기도를 합시다.
3. 오늘 참석하지 못한 구성원이 있으면 그 사람을 위해 더욱 뜨거운 마음으로 기도합시다.
4. 한 주간의 삶을 통해서 오늘 배우고 익힌 내용들을 삶으로 살아갈 수 있도록 기도합시다.
5. 하나님의 은혜 가운데서 한 주를 살고, 다음 모임 시간에 모두가 모일 수 있도록 기도합시다.

*사역자로서 이 과를 마치고 난 느낌이나 소감, 다짐 등을 간단하게 말해 봅시다.

## 다음 모임을 위하여

1. 다음 주에 읽어야 할 성경말씀을 읽고 확인합시다.
2. 36과의 배울말씀인 고린도후서 1장 1-11절을 읽고 묵상합시다.

평신도제자훈련교재
# 평가하기

| 평가항목 | 세부사항 | 그렇다 | 그저 그렇다 | 아니다 |
|---|---|---|---|---|
| 인도자의 준비도 | 인도자는 본 과의 교육목적을 이룰 수 있도록 충분하게 준비했습니까? | | | |
| 교육목표의 성취도 | 1. 학습자들은 자신의 잘못된 선입견과 고정관념을 버리고 순수한 마음으로 주님을 만날 준비가 되었습니까?<br>2. 학습자들이 예수에 대하여 지식적으로 아는(know) 단계에서 체험적으로 아는(see) 단계로 발전하고자 결단하게 되었습니까? | | | |
| 학습자의 참여도 | 학습자들이 진지하고 적극적인 태도로 성경공부에 임했습니까? | | | |
| 성경공부의 분위기 | 성경공부를 하는 동안 학습자들이 편안한 분위기를 느낄 수 있었습니까? | | | |
| 기타 보완할 점 | 기타 보완할 점이나 건의사항이 있습니까? | | | |

## 성경 읽기표

| 읽을 범위 | | 월 일<br>주일 | 월 일<br>월요일 | 월 일<br>화요일 | 월 일<br>수요일 | 월 일<br>목요일 | 월 일<br>금요일 | 월 일<br>토요일 |
|---|---|---|---|---|---|---|---|---|
| | 구약 | 주일은<br>설교말씀<br>묵상 | 사<br>49~51장 | 사<br>52~54장 | 사<br>55~57장 | 사<br>58~60장 | 사<br>61~63장 | 사<br>64~66장 |
| | 신약 | | 히 9장 | 히 10장 | 히 11장 | 히 12장 | 히 13장 | 약 1장 |
| 확인 | | | | | | | | |

# 36 세계선교와 중보기도 네트워크

평신도 제자훈련교재

**배울말씀** 고린도후서 1장 1-11절

**새길말씀** 너희도 우리를 위하여 간구함으로 도우라 이는 우리가 많은 사람의 기도로 얻은
은사로 말미암아 많은 사람이 우리를 위하여 감사하게 하려 함이라 (고후 1:11)

## 이룰 목표

① 세계선교를 위한 중보기도의 필요성을 안다.

② 자신과 가정, 교회, 지역사회의 영역을 넘어서 세계를 품고 기도하는 중보기도자로 설 것을
다짐한다.

③ 세계선교를 위한 중보기도 네트워크를 만들고 실천한다.

## 교육흐름표

| 10 min | 15 min | 15 min | 15 min | 15 min |
|--------|--------|--------|--------|--------|
| O.T. | 관심 | 탐구 | 관점 | 실천 |

## 교육진행표

| 구분 | 오리엔테이션 | 관심갖기 | 탐구하기 | 관점바꾸기 | 실천하기 |
|------|------|------|------|------|------|
| 제목 | | 나의 중보기도 영역은? | 세계 선교와 중보기도 | 세계를 품은 중보기도자 | 세계 선교를 위한 중보기도 네트워크 |
| 내용 | 환영 및 개요 설명 | 중보기도 설계 | 선교지에서의 중보기도 요청 | 중보기도자로의 헌신 | 세계 선교를 위한 중보기도자 |
| 방법 | 강의 | 활동하기 | 성경 찾아 답하기 | 성경 찾아 답하기 | 지침 따르기 |
| 준비물 | 출석부 | 그리기도구 | 성경책 | 성경책 | |
| 시간(70분) | 10분 | 15분 | 15분 | 15분 | 15분 |

바울은 선교현장에서 급박하고도 고통스러운 역경들에 부딪힐 때마다 자신과 선교사역을 위한 중보기도를 강력하게 요청하였다. 그 이유는 선교사역과 선교사들을 위한 중보기도가 그들의 앞에 놓인 수많은 어려움과 환란을 이겨내고 성령충만하게 사역하는 데 큰 힘이 되어 주기 때문이다. 이처럼 모든 하나님의 일에는 중보기도자의 협력과 도움이 필요하다. 특별히 세계선교 사역에 있어서 중보기도가 매우 중요한 위치를 차지하고 있다.

### 1. 세계선교와 중보기도

바울은 선교의 현장에서 복음을 전하는 자신과 동료들이 극심한 환란과 고난 중에 있다고 말한다(4-5절). 본문에는 나오지 않지만 바울이 선교현장에서 겪었던 환난들이 고린도후서 11장 23-27절에 매우 상세하게 묘사되어 있다. 바울은 애쓰고 수고함, 옥에 갇힘, 사십에 하나 감하는 매를 다섯 번 맞음, 돌로 맞음, 세 번의 파선, 강도를 비롯한 사람들로부터 위협 당함, 잠을 자지 못함, 먹지 못함, 춥고 헐벗음 등에 대해 기록하였다. 이에 대해 바울은 자신과 동료들이 아시아에서 당한 환난의 정도가 극심했다는 점을 '살 소망까지 끊어지고(8절), 마음에 사형 선고를 받은 줄 알았다(9절)'고 표현했다. 이처럼 예수 그리스도를 믿고 그분을 따르는 삶, 특별히 선교적 삶을 산다는 것은 쉬운 일이 아니다. 왜냐하면, 이러한 선교적 삶은 주님께서 주시는 구원과 축복뿐만 아니라 그분으로 말미암는 고난과 핍박도 아울러 받는 것을 의미하기 때문이다. 그러나 바울은 환란과 고난이 넘칠수록 그리스도의 위로도 넘친다고 고백하였다(5절). 마지막으로 바울은 이 편지를 읽는 사람들에게 자신과 동역자들을 위해 중보기도해 줄 것을 부탁한다(11절). 이것은 비록 바울 자신이 사도이긴 하지만 일방적으로 사역하는 자가 아니라 그들의 도움을 필요로 하는 연약한 존재임을 밝힘으로써 그들이 바울에게 소중한 존재임을 확인시키는 일이기도 하다. 마찬가지로 오늘날에도 바울과 같이 세계의 선교현장에서 사역하는 많은 선교사들은 많은 고난과 어려움 속에서 영적 전쟁을 벌이고 있으며, 이것을 감당하기 위한 중보기도를 간절하게 요청하고 있다. 물론, 바울이 당시의 선교 현장에서 겪었던 어려움들은 오늘날의 선교현장에서 나타나는 어려움과 양상이 다를 수 있다. 그러나 분명한 것은 과거나 현재나 선교현장에서는 늘 긴박한 어려움들이 도사리고 있다는 점이다. 따라서 중보기도자들은 세계 복음화를 위한 선교사역과 선교사들을 위한 중보기도를 쉬지 말아야 한다.

## 2. 세계선교를 위한 중보기도

하나님이 중보기도 사역자들에게 원하시는 것은 그들이 하나님의 동역자로서 '하나님의 마음'을 가지고(딤전 2:4), 기도의 지경을 넓혀 온 세상을 마음에 품고 기도하는 것이다(대상 4:10). 하나님은 세계를 품고 기도하는 자에게 열방을 유업으로 주시겠다고 약속하셨다(시 2:8). "기도하지 않는 한 민족보다 기도하는 한 사람이 더 위대하다."라고 말한 존 녹스(John Knox)는 "주여, 조국 스코틀랜드를 주시든지 아니면 제 생명을 거두어 가십시오."라고 기도했다. 그리고 그의 강력한 중보기도를 통해 스코틀랜드에 놀라운 부흥의 역사가 일어났다. 감리교 창시자인 존 웨슬레(John Wesley)도 "전 세계를 나의 교구로 주십시오."라고 하여 세계 복음화를 위한 강력한 중보기도 제목을 가지고 기도했다. 이와 같이 기독교 역사에서 놀라운 부흥을 일으키고 세계 복음화에 앞장섰던 주인공들 모두 위대한 중보기도자들이었다.

세계선교와 복음화는 예수님이 우리에게 말씀하신 지상명령이자 하나님의 최대 관심사다. 하나님은 아무도 멸망하지 않고 다 회개하고 구원에 이르기를 원하신다(벧후 3:9). 그렇다면 우리에게는 모든 사람들이 예수님을 믿고 구원에 이르도록 해야 할 책임이 있다. 더욱이 이 일을 이루기 위해서 하나님께서 우리를 중보기도자로 부르셨음을 깨달아야 한다. 세계 복음화를 위한 가장 강력한 도구는 바로 중보기도다. 그러므로 땅 끝까지 복음이 전파되고 세상 모든 영혼이 주께 돌아오는 그날까지 세계 선교와 복음화를 위한 중보기도는 계속되어야 한다.

### 3. 세계선교를 위한 중보기도 네트워크

중보기도는 하나님의 선교 그 자체이고, 그 기도를 통해 하나님께서 직접 일하신다. 또한 한 개인은 자신의 중보기도를 통해 열방을 품을 수 있고, 능력을 발휘할 수 있다. 따라서 중보기도는 세계 모든 민족과 열방을 향한 하나님의 사랑과 능력이 나타나도록 돕는 사역이다. 하나님은 중보기도자의 기도를 통해 열방을 다스리고 그의 백성을 돌아오게 하실 것이다. 또한 열방을 품은 기도는 선교현장에 나가 있는 선교사들을 방해하는 어둠의 권세를 깨뜨리며, 세계 각처에 있는 수많은 영혼들이 주께로 들어오게 하는 위대한 힘을 발휘할 것이다. 뿐만 아니라 하나님은 세계 복음화와 선교사역에 하나님의 사람들이 연합하여 동역하기를 원하신다(창 18:18). 따라서 더 많은 중보기도자들이 세계 복음화와 선교사역을 위한 중보기도에 동참해야 한다. 물론 지금도 많은 교회와 성도들이 세계선교와 파송 선교사를 위해 중보기도하고 있다. 그러나 세계선교에 대한 보다 강력한 중보기도를 위해서는 보다 조직적이고 지속적인 중보기도 네트워크가 형성되어야 한다. 네트워크(net-work)란 통신망, 그물망을 의미하는 정보 산업사회의 용어다. 실이 그냥 있으면 고기를 잡지 못하지만 엮어서 그물을 만들면 많은 고기를 잡을 수 있듯이 중보기도는 기도의 그물망을 만드는 것이다. 이러한 중보기도 네트워크의 초점은 단순히 한 선교사만을 위한 것이 아니라, 세계선교에 집중한다는 점이다. 100명의 선교사에게 각각 100명씩의 기도 동역자들이 연결만 되어도 세계선교를 위한 10,000명의 기도자가 생기게 되는 셈이다. 또 한 중보기도 동역자가 여러 명의 선교사를 위해서 기도하거나, 다른 선교사를 위해 여러 명의 기도 동역자들을 연결시켜 줄 경우, 자연스럽게 세계선교를 위한 중보기도 네트워크가 형성된다. 한 선교사를 위한 기도 동역자들이 여러 나라에 흩어져 있을 경우, 그 선교사는 자신을 위해 집중적으로 기도해 주는 24시간 연쇄 중보기도 체인을 갖게 된다. 주님의 몸인 교회가 영적 전쟁을 결판낼 수 있는 최첨단 병기를 갖게 되는 것이다.

"when man works, man works, when man prays, God works."
(사람이 일하면 사람이 일할 뿐이지만 사람이 기도하면 하나님이 일하신다.)

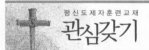
관심갖기          나의 중보기도 영역은?

중보기도 사역자는 늘 기도에 힘쓰는 자입니다. 요즘 여러분이 중요하게 여기는 중보기도의 영역은 어떤 것입니까? 또한 그 내용은 어떤 것입니까? 자신과 가까운 기도 제목을 원 안쪽에, 보다 큰 범위의 기도 제목을 바깥쪽으로 해서 아래의 그림에 기록해 봅시다.

**기도의 영역**

각 기도의 제목마다 기도하고 있는
시간의 분량은 대략 얼마나 됩니까?
오른쪽 원에 표시해 봅시다.

각자가 표시한 기도의 제목과 기도의 영역, 그리고 기도의 시간들에 대해서 이야기를 나누어 본다.

교회의 사역자이며 지도자로 성장해 가는 우리의 외형적인 모습에 비해 우리의 기도의 넓이와 깊이가 얼마나 확장되고 있는지 점검해 보자. 혹시 아직도 나를 위해서만, 나의 가정을 위해서만, 나의 교회를 위해서만 기도하는 영적인 초보 신자는 아닌가? 이제는 주님의 세계, 주님의 영혼들을 위해 기도의 터를 확장할 것을 강력하게 권면하도록 한다. 기도 시간을 표시할 때에는 각자의 상황에 따라 적절하게 선을 만들거나 지워도 된다.

평신도제자훈련교재
탐구하기 　　　　세계 선교와 중보기도

배울말씀인 고린도후서 1장 1-11절을 읽고 아래의 질문에 대답해 봅시다. 본문은 바울이 제3차 선교여행 중에 디모데와 함께 기록한 편지입니다. 이 편지를 받은 사람들은 고린도교회와 아가야에 있는 모든 성도들입니다.

1. 바울은 선교의 현장에서 복음을 전하는 자신과 동료들이 어떠한 상황에 처해 있다고 이야기합니까? (4-5절)

환난과 고난

바울이 선교현장에서 겪었던 환난들은 고린도후서 11장 23-27절에 매우 상세하게 묘사되어 있다. 그가 겪은 환난은 애쓰고 수고함, 옥에 갇힘, 사십에 하나 감하는 매를 다섯 번 맞음, 돌로 맞음, 세 번의 파선, 강도를 비롯한 사람들로부터 위협당함, 잠을 자지 못함, 먹지 못함, 춥고 헐벗음 등이었다. 물론, 바울이 당시의 선교 현장에서 겪었던 어려움들은 오늘날의 선교현장에서 나타나는 어려움과는 그 모습이 다를 수는 있다. 그러나 분명한 것은 과거나 현재나 선교현장에서는 늘 긴박한 어려움들이 도사리고 있다는 점이다.

2. 바울이 아시아에서 당한 환난은 참으로 극심한 것이었습니다. 바울은 그런 환란에 대해서 어떻게 느끼고 있었다고 표현했습니까? (8-9절)

살 소망까지 끊어지고(8절), 마음에 사형 선고를 받은 줄 알았다(9절).

예수 그리스도를 믿고 그분을 따르는 선교적 삶을 산다는 것은 곧 주님께서 주시는 구원과 축복뿐만 아니라 그분으로 말미암는 고난과 핍박도 아울러 받는 것을 의미한다. 왜냐하면 예수님도 십자가에 못 박히는 고난까지 당하셨기 때문이다. 그러므로 예수 그리스도의 뒤를 따르는 선교사들이 세상에서 환난을 겪는 것은 지극히 당연하다고 할 수 있다(마 10:38-39). 그러나 바울은 환란과 고난이 넘칠수록 그리스도의 위로도 넘친다고 고백하였다.

3. 바울은 이 편지를 읽는 사람들이 자신의 사역에 협력할 수 있는 한 가지 방법을 제안하였습니다. 그 방법은 무엇입니까? (11절)

## 바울과 동역자를 위하여 간구함으로 돕는 것

바울은 오늘의 본문뿐만 아니라 다른 곳에서도 선교사역을 위한 중보기도를 요청하였다.

"끝으로 형제들아 너희는 우리를 위하여 기도하기를 주의 말씀이 너희 가운데서와 같이 퍼져 나가 영광스럽게 되고 또한 우리를 부당하고 악한 사람들에게서 건지시옵소서 하라 믿음은 모든 사람의 것이 아니니라"(살후 3:1-2)

바울은 성도들에게 선교사역의 동역자가 되어 중보기도해 줄 것을 간곡하게 부탁하였습니다. 선교현장에서 겪게 되는 급박하고도 고통스러운 상황들 때문이었습니다. 또한 바울은 성도들의 중보기도가 선교사들에게 많은 은사를 공급해 준다고 하였습니다(11절). 오늘날의 선교사들도 바울처럼 우리에게 간절하게 중보의 기도를 요청하고 있습니다. 당신의 중보기도가 그들이 자신들의 앞에 놓인 수많은 어려움과 환란을 이겨내고 성령충만하게 사역하는 데 큰 힘이 되어 줄 것입니다.

평신도제자훈련교재
## 관점바꾸기          세계를 품은 중보기도자

문제에 주어진 성경 말씀을 바탕으로 다음의 질문에 답해 봅시다.

1. 하나님은 하나님의 동역자인 중보기도자들이 어떤 마음을 갖도록 기도하기를 원하실까요? (딤전 2:4)

   모든 사람이 구원을 받고 진리를 아는 데 이르기를 원하시는 하나님의 마음을 소유하기를 원하신다.

하나님께서는 아무도 멸망하지 않고 다 회개하고 구원에 이르기를 원하신다(벧후 3:9). 그렇다면 우리에게는 모든 사람들이 예수님을 믿고 구원에 이르도록 해야 할 책임이 있다. 더욱이 이 일을 이루기 위해서 하나님께서 우리를 중보기도자로 부르셨음을 깨달아야 한다.

2. 세계를 품고 기도하는 자에게 하나님은 어떤 약속을 하십니까? (시 2:8)

   하나님께 믿고 구하면 열방을 유업으로 주시겠다고 하셨다.

   세계선교와 복음화는 예수님께서 우리에게 말씀하신 지상명령이자 하나님의 최대 관심사다. 우리는 기도로 세계 민족과 열방을 품을 수 있다. 열방을 품은 기도는 선교현장에 나가 있는 선교사들을 방해하는 어둠의 권세를 깨뜨리고, 세계 각처에 있는 수많은 영혼들이 주께로 돌아오게 하는 위대한 힘이 있다. 중보기도야말로 하나님이 우리를 통해서 온 땅을 축복하시는 비밀 무기다.
   존 웨슬레(John Wesley) 역시 기도의 사람이었다. 그는 "전 세계를 나의 교구로 주십시오."라는 세계 복음화를 위한 강력한 중보기도 제목을 가지고 기도했다. 하나님은 우리가 세계를 품고 기도하는 그리스도인이 되기를 원하신다. 땅 끝까지 복음이 전파되고 세상 모든 영혼이 주께 돌아오는 그날까지 세계선교와 복음화를 위한 중보기도는 계속되어야 한다.

3. 우리가 세계를 품고 기도하는 그리스도인이 되기를 원하시는 하나님의 바람을 기억하며 다음의 찬양을 함께 불러 봅시다.

평신도제자훈련교재
## 실천하기     세계 선교를 위한 중보기도 네트워크

세계 선교를 위한 전략적 중보기도는 어두움의 세력과의 영적인 대결이자, 땀과 눈물과 피와 진액을 다 바쳐 드리는 성령의 생명창조 역사입니다. 따라서 선교의 후방에서 할 수 있는 가장 위대한 일은 하나님의 뜻을 구하며 전방에 나가 있는 선교사들과 그곳의 영혼들을 위한 중보기도입니다. 아래에 제시된 방법을 따라서 세계선교를 위한 중보기도의 시간을 가져 봅시다.

### 중보기도 네트워크 만들기

1) 총회본부 해외선교국 홈페이지(http://omc.kehc.org/)에서 선교사 리스트와 기도편지를 출력한다. (선교국 홈페이지에 '기도편지'란이 있다. 이 난에 매달 선교지에서 보내 온 최근의 기도요청 편지들이 올라온다. 매달 교회로 발송되는 '성결의 빛' 회보를 활용해도 좋다.)

2) 선교사들의 기도편지를 각자 한 편씩 읽는다.

3) 각자 중보기도의 대상 국가/ 선교사/ 기도내용을 정한다.

4) 각자 자신이 맡은 대상 선교지와 선교사를 위해 중보기도를 드린다.

* 계속적인 중보기도를 위해서 세계지도를 구해서 스티커를 활용하여 선교지역
과 기도제목을 표시하고 교회에 부착하여 활용하면 좋다.

---

**함께 읽어봅시다**   세계 선교를 위한 열 가지의 중보기도 지침

1. 여러분이 기도하고 있는 나라에서 하나님을 대항하고 선교를 억압하는 세력들
(모든 형태의 정치, 군사, 종교적 권력 구조 등)을 예수 그리스도의 이름으로
결박하십시오.

2. 하나님이 여러분에게 맡기신 나라들 가운데 역사하고 있는 이슬람교, 힌두교,
불교, 샤머니즘, 공산주의, 종교 다원주의 등의 우상 숭배를 대적하고 무너뜨
리십시오.

3. 하나님에 대한 지식에 대항하며 높아진 세상의 가치관과 사상들(무신론, 진화
론, 물질만능주의, 인본주의, 포스트모더니즘, 뉴에이지 등의 영적 어두움의
세력들)을 무너뜨리십시오.

4. 그 나라의 지도자들의 구원을 위해 하나님의 긍휼을 구하십시오.

5. 선교지의 전방에 있는 그리스도인, 선교사와 그 가족, 영적 지도자들을 위해
기도하십시오. 위험에 노출된 이들에게 영적인 보호막이 쳐지며 모든 선교 활
동의 안전을 위해 기도하십시오.

6. 선교지 선교사들이 요청해 온 사역을 위한 필요들이 채워질 수 있도록 기도하
십시오.

7. 선교지의 전방에 있는 크리스천, 선교사와 가족, 영적 지도자들의 온전한 영
성, 정신적 안정, 육체적 강건함을 위해 기도하십시오.

8. 복음의 문이 열려 주의 나라가 속히 임하고, 하나님의 뜻이 하늘에서 이루어진
것과 같이 땅에서도 이루어지기 위해 기도하십시오.

9. 선교 현지에서 일어난 그리스도인들의 영적 성장을 위한 지속적인 훈련 프로
그램을 위해 기도하십시오.

10. 성령의 인도하심에 따른 기도에 대해 응답을 확신하며 그의 베푸실 역사에 대
해 감사와 찬송을 올려 드리며 기도를 마치십시오.

## 새길말씀 외우기

너희도 우리를 위하여 간구함으로 도우라 이는 우리가 많은 사람의 기도로 얻은 은사로 말미암아 많은 사람이 우리를 위하여 감사하게 하려 함이라 (고후 1:11)

## 다함께 드리는 기도

1. 오늘 배운 말씀과 내용을 생각하며 다함께 기도하는 시간을 갖도록 합시다.
2. 오늘 참석한 구성원들을 위해서 이름을 불러 가며 중보의 기도를 합시다.
3. 오늘 참석하지 못한 구성원이 있으면 그 사람을 위해 더욱 뜨거운 마음으로 기도합시다.
4. 한 주간의 삶을 통해서 오늘 배우고 익힌 내용들을 삶으로 살아갈 수 있도록 기도합시다.
5. 하나님의 은혜 가운데서 한 주를 살고, 다음 모임 시간에 모두가 모일 수 있도록 기도합시다.

＊사역자로서 이 과를 마치고 난 느낌이나 소감, 다짐 등을 간단하게 말해 봅시다.

## 다음 모임을 위하여

1. 다음 주에 읽어야 할 성경말씀을 읽고 확인합시다.
2. 37과의 배울말씀인 요나 4장 1-11절을 읽고 묵상합시다.

평신도제자훈련교재
# 평가하기

| 평가항목 | 세부사항 | 그렇다 | 그저 그렇다 | 아니다 |
|---|---|---|---|---|
| 인도자의 준비도 | 인도자는 본 과의 교육목적을 이룰 수 있도록 충분하게 준비했습니까? | | | |
| 교육목표의 성취도 | 1. 학습자들은 자신의 잘못된 선입견과 고정관념을 버리고 순수한 마음으로 주님을 만날 준비가 되었습니까?<br>2. 학습자들이 예수에 대하여 지식적으로 아는 (know) 단계에서 체험적으로 아는(see) 단계로 발전하고자 결단하게 되었습니까? | | | |
| 학습자의 참여도 | 학습자들이 진지하고 적극적인 태도로 성경공부에 임했습니까? | | | |
| 성경공부의 분위기 | 성경공부를 하는 동안 학습자들이 편안한 분위기를 느낄 수 있었습니까? | | | |
| 기타 보완할 점 | 기타 보완할 점이나 건의사항이 있습니까? | | | |

## 성경 읽기표

| 읽을<br>범위 | | 월 일<br>주일 | 월 일<br>월요일 | 월 일<br>화요일 | 월 일<br>수요일 | 월 일<br>목요일 | 월 일<br>금요일 | 월 일<br>토요일 |
|---|---|---|---|---|---|---|---|---|
| | 구약 | 주일은 설교말씀 묵상 | 렘 1~3장 | 렘 4~6장 | 렘 7~9장 | 렘 10~12장 | 렘 13~15장 | 렘 16~18장 |
| | 신약 | | 약 2장 | 약 3장 | 약 4장 | 약 5장 | 벧전 1장 | 벧전 2장 |
| 확인 | | | | | | | | |